日本百元商店模式

解码"去增长社会"的幸福生活

〔日〕郭洋春（KWAK Yangchoon）◎著

张青松 ◎译

100均資本主義
脱成長社会「幸せな暮らし」
のつかみ方

中国财经出版传媒集团

经济科学出版社

Economic Science Press

·北京·

图字号：01 - 2024 - 5106

Original Japanese title：100 KIN SHIHONSHUGI

Copyright © 2022 KWAK Yangchoon

Original Japanese edition published by President Inc.

Simplified Chinese translation rights arranged with President Inc.

through The English Agency（Japan）Ltd. and Shanghai To-Asia

Culture Co. , Ltd.

前 言

    日本正经历着近 30 年来的物价大幅上涨潮。随着 2021 年国际原油价格上涨，以及受到乌克兰危机、日元贬值的影响，不仅进口商品价格上涨，其他很多商品价格也都出现上涨。用电成本较上年增长了约三成，我们日常在超市、便利店所购买的食品、日用品等也出现集中竞相涨价的情况。除方便面、冷冻食品等加工类食品以及酒类、饮料外，超过 3000 种商品都相继提高了销售价格。

    经济不景气背景下的通货膨胀，我们称作停滞性通货膨胀。对于日本国民而言，由于是在总收入未实现增长背景下出现的严重物价上涨，因此不啻为"恶性通货膨胀"。

    尽管岸田文雄政府敦促经济界采取"超过 3% 的薪酬增长"举措，但是在实现日本官方所确定的薪资增长目标时，薪酬增长的幅度却难以弥补物价的涨幅，日本国民的生活将会越来越困难。

日本消费者厅2022年3月发布的《物价监测调查》显示，在25种被调查商品中，较上月价格上升的商品共有21种，价格下降的商品仅有4种。其中，价格较上月增长超过1%的商品包括马铃薯片（+3.5%）、食用油（+3.2%）、香肠（+1.0%）、生鲜面条（+1.0%），没有任何一种商品价格的下降幅度超过1%。

此外，《物价监测调查》预测，日本2023年的物价上涨率为2.67%。这与日本政府期望的薪金上涨目标3%基本持平，因此2023年日本国民的生活想必也依然难以得到显著改善。与2022年相比，食用油（+36.9%）价格预计大幅上涨，面包（+9.6%）、马铃薯片（+9.4%）等将有可能出现接近两位数的涨幅。

而在家庭消费支出"未来三个月间与上年同期相比将会如何"这个调查项目中，有56.0%的受访者认为"预计减少支出"，远远高出"预计增加支出"（9.1%）的受访对象比例。

在"减少支出"的理由中，占比最多的是认为"收入减少"（59.4%），其次是"希望减少消费支出额而增加储蓄存款"（31.5%）。此外，在"预计减少支出"的消费中主要是食品（69.3%）和日用、家庭用品（66.9%）。似乎压缩每日生活支出，成为了人们重要的选择策略。

在物价持续上涨过程中，我们看到"百元连锁商店①未来将如何发展"成为电视台以及网络媒体等的热议话题。百元连锁商店销售的商品，大多是在中国等海外国家和地区生产的，因此可以预见，其商品供给也将受到原油价格上涨、资源涨价、日元贬值等影响。在此背景下，人们自然会产生"100日元均一价格难以为继，百元连锁企业将会陷入经营困难"的担忧。

但是，笔者的观点有所不同。笔者认为"百元商店"未来并不会迎来寒冬时代。相反，对于即将迎来"寒冬时代"的消费者而言，"百元商店"恰恰是"希望之光"。

理由主要有以下三点。

（1）因为超市、便利连锁店将率先提高商品价格，因此"百元商店"所具有的比较优势反而会持续得到增强。

（2）当前的"百元商店"除了价格低廉优势外，还通过便利产品、创意产品等魅力来吸引广大消费者。

（3）"百元商店"原本就是在经济不景气情况下所孕育的商业模式，因此对通货膨胀具有很强的适应能力。

如果超市、便利连锁店的商品价格上涨，那么百元商店的商品则会变得相对便宜。因此，即便百元商店提高商品价

---

①　连锁店内所有商品基本都是均价100日元，因此通常被称作"百元商店""百均""百元店""100日元商店""百元均一""100均"等。百元商店作为日本创造的商业模式，现已成为一种消费文化，成为物美价廉的象征。日本代表性的百元连锁商店有大创（Daiso）、塞莉亚（Seria）等。——译者注

格，如果其涨幅低于超市和便利店的价格，也不会导致客源流失。

百元商店还根据市场环境变化不断调整经营战略。与五年前相比，其商品、价格、销售网络等都发生了较大变化。例如，现在百元商店销售标价 200 日元、300 日元以及更高价位的商品。大创公司（DAISO）① 等百元连锁企业还创立了其他新品牌。

百元商店与便利连锁店、超市开展了广泛合作。例如，大创公司与 7 – 11②、CanDo 公司与永旺集团（AEON）联合拓展全国性的销售网络。

百元商店也在不断提升企业形象。各家百元连锁企业顺应环境保护的潮流，开始致力于研发环境友好型商品（ECO 商品），不断提供除"价格低廉"外的其他价值。因此，百元商店业态呈现出繁荣景象，目前已不能简单地用"价格低廉"

---

① 大创（DAISO）是 1977 年由矢野博丈创建的零售店品牌，寓意"创造大契机"，所有商品均以 100 日元均价销售，以优质产品开创低单价市场。2021 年，百元店国民品牌 DAISO 开创了新品牌 STANDARD PRODUCTS，直译为"标准产品"，把商品价位定为 300～1100 日元，将目标客户锚定为中高端市场人群。——译者注

② 7 – 11（7-Eleven、Seven-Eleven）是世界著名连锁便利店集团，原属美国南方公司，初创于 1927 年，1973 年日本伊藤洋华堂特许加盟，7 – 11 正式成立，随后进入日本，并在 2005 年正式成为一家日本公司。2005 年 9 月伊藤洋华堂成立新控股公司 7&I 控股（Seven & I Holdings Co., Ltd.）统一管理伊藤洋华堂、美国 7 – Eleven INC. 及 7 – Eleven Japan，同年 11 月 7&I 控股收购 7-Eleven INC. 全部股权。它是日本零售业巨头，是全球首个便利店品牌，同时也是全球排名第一的便利店企业。——译者注

因素予以解释。

我们之所以认为百元商店"具有较强的抗通胀能力"，缘自其彻底贯彻了低成本经营战略。例如，排在百元连锁业界第四名的 Watts 公司，在其营业利润增长的重要因素中，主要是店铺租金下降、人工成本削减、设备费削减、光热水电费削减，以及差旅交通费削减等固定开支成本的削减影响较为显著。对于百元连锁商店而言，即使进口价格高涨，也无法将其转嫁到销售价格上，因此只有通过控制销售成本以及一般管理成本等，方可获得利润。与大多数企业通过价格转嫁来应对"恶性日元贬值＝物价高涨"的方式不同，百元连锁企业采取了彻底贯彻成本削减的方式。

本书聚焦以百元商店为代表的特惠连锁商店，考察分析百元连锁企业为什么能够以低价格维持正常经营？其中何种机制在发挥着作用？它们吸引消费者的魅力何在？通过考察分析，以期最终科学认知我们所处的周边经济环境。

当今的日本产生了许多传统经济学理论难以阐释的经济现象，可以说，这些经济现象在全球范围内也比较少见。

来到日本的外国游客，大都会对日本物价的低廉感到惊讶。不仅是发达国家的游客如此，就是来自国内生产总值（GDP）比日本低很多的国家的游客，也都感觉到价格低廉。日本的印象就是"物价便宜"。

不仅仅是物价，日本的薪资水平也很低。日本的薪资水平已经 30 余年没有提升，而同样在 30 年间不少国家薪资水平已经提升近两倍。可以观察到，日本的平均工资水平已经被新加坡、韩国等亚洲国家所超越。

尽管如此，日本仍是 GDP 世界排名第三位的经济大国。虽然日本也存在着贫困问题、收入差距问题等，但是日本既没有出现市民暴动等动荡，也没有发生政权更迭。尽管国民收入处于低增长、零增长状态，但日本国民依然在认真努力地工作。每位日本国民都清楚地知道："曾经的经济高速增长，已不会在日本重现！"

日本国民能够在这种长期持续的低收入状态下坚持生活下来，主要得益于日本大量存在的百元连锁商店，以及餐饮、服装、家具等特惠廉价商店。泡沫经济破灭以来的 30 年间，特惠廉价商店始终支撑着日本国民的日常生活。虽然人们薪资收入没有上涨，但只要有这些特惠廉价商店存在，人们的日常生活就不会受到很大困扰。即使海外有国家和地区提高了工资水平，普通国民也不会过于介怀。

这就是日本存在的特殊经济样态，它并不能简单地通过"长期的通货紧缩"来解释。

笔者将这种特殊经济样态称作"百元商店模式经济"或者"百元连锁商店支撑的经济"。因为这是由百元连锁商店及其消费者所形成的崭新经济样态。

"百元商店模式经济"，是揭示日本的经济结构——变化中的日本式资本主义的重要关键词。我们也可以这样认为，它是在泡沫经济破灭以来历经 30 年的通货紧缩经济后，日本人所最终实现的 21 世纪资本主义经济。

在物价高涨的新闻甚嚣尘上的某个夏日，笔者与本书的责任编辑共同走访了东京银座。受到原油价格高企以及原材料价格上涨的影响，百元商店的经营状况是否真的变得严峻了？我们带着这一问题开始了考察。

提及银座，人们会自然地联想到世界各地汇集于此的高档品牌旗舰店，香奈儿、古驰、蒂芙尼、爱马仕、迪奥、卡地亚、阿玛尼、宝格丽……，橱窗中的各种名牌商品令人眼花缭乱。白天，富裕阶层在此尽享购物之乐，到了夜间，这里则成为公司和企业各种应酬招待、高档酒水觥筹交错的欢畅世界。

我们一边仰视着高级品牌商店的豪华建筑，一边走向MARRONNIER GATE① 银座 2 号。在这栋商厦的六层，有大创公司的三大品牌——大创（DAISO）、丝丽裇（Threeppy）②、标准产品（Standard Products by DAISO）全球旗舰店。在 2022 年 4 月 15 日开幕营业时，"大创进驻银座"成为媒体热炒话题。在广大消费者正在为物价上涨而苦恼不堪之际，百元商店进驻银座的确具有新闻价值。

在 6 层迈出电梯的瞬间，广为人知的大创商品世界呈现在

_____

① MARRONNIER GATE 建于 1984 年，是东京首家大型巴黎风格百货商厦。MARRONNIER GATE 这个名称，除了表示位于 MARRONNIER（七叶树大街）入口处的意思以外，同时也带有这里将成为顾客们新的相遇、新的发现之"GATE"的寓意。——译者注

② THREEPPY 由"300 and happy"组成，寓意从 300 日元开创幸福生活，商店主要以 30~40 岁的女性及家庭为目标客户群，贩售各种生活杂货。——译者注

我们眼前。只不过，我们在 6 层穿梭行进中却感受到与我们日常所光临的大创门店完全不同的景象。位于该层的标准产品门店充满了时尚、高级感的氛围。墙壁上张贴着"标准产品荣获品牌创造·CI/VI 部门最佳设计奖"等海报。可以看到，其高超的产品设计能力得到了社会的广泛评价与认可。

　　标准产品门店的商品价格区间基本在 300～1000 日元之间。例如，作为高档毛巾品牌广为人知的"今治毛巾"按照 500～1000 日元的价格在销售。与 100 日元价格均一的产品相比，虽然价格略显昂贵，但仍然比街边杂货店以及专卖店便宜。在露营用品销售区，单人帐篷价格仅为 1000 日元，这是户外用品专卖店都难以想象的价格。

　　店内墙壁上还贴有"拍照摄影 OK"的贴纸，似乎拍摄商品以及店内场景、通过社交网络平台发布朋友圈信息等都是允许的。

　　百元商店的商业模式中，控制广告宣传费是重要特点之一。因为百元商店采取的是商品均一价格策略，因此没有必要像超市那样通过报纸插页广告等方式对外宣传特价销售信息。也正是因为减少了广告宣传等环节的费用，商品价格才能维持在 100 日元。通过消费者扩散商品以及店内实景照片，也是节省广告宣传费用经营模式的重要一环。

　　丝丽裨也是如此。消费者都会不禁地惊讶道："这个商品居然才 300 日元!? 这件东西 500 日元就能买到!? 那件商品竟然只要 1000 日元!?"

最后，当我们来到大创购物区时，瞬间为琳琅满目的丰富商品所震撼。当笔者询问店员"你们店里的商品数量有多少"时，店员瞬间感到语塞回答不出来。因为店铺每日都新增很多新产品，店员自然难以掌握准确的商品数量信息。

店内商品的陈列也非常引人注目。知名厂家的商品到货上架后，通常会在其正下方摆放非知名制造商生产的同类商品。同样是100日元价格，但与知名厂家的商品相比，非知名厂商的产品尺寸规格通常比较大、量比较多，这样就容易使得顾客产生获得感。正是因为采取了与知名厂家商品同列摆放的方式，消费者也会自然地认为这些产品"质量肯定基本相同，那么购买这些商品相对更划算"！

大创公司门店中也不乏价格高于100日元的商品。例如，智能手机等适用的配有麦克风的无线耳机价格为1000日元，如果是在家电量贩店购买，同类产品最便宜的也需要5000日元以上。

价格非常低廉的家电商品，总是会让人对其产品质量产生担忧和不安。当消费者在家电量贩店看到1000日元的无线耳机时，头脑中总会萦绕着"音质没有问题吧""会不会很快就损坏"等担忧。然而，在百元商店内标价1000日元的商品就属于高档次产品，如果很快损坏，那么是否会引起消费者"定价1000日元商品怎么品质如此不堪"之类的投诉呢？实际上，我们询问过在百元商店购买过无线耳机的友人，得到的答案都是"毫无逊色之处"。实际上，在30年前的100日元均一商品中确实存在质量良莠不齐的现象。当购买的商品很快就损坏时，消费者往往会自认倒霉，"也就是 100 日元的东西，算了吧"。与那时相比，笔者认为当今的产品质量有了大幅度提升，尤其是 300 日元以上的所谓"高价商品"，品质方面想必不会有任何疏忽马虎。

笔者购买了些灶台防油污垫，它可以铺在燃气灶火眼支架下防止油污等。电视节目曾介绍过该产品超级便捷好用，因此我也想尝试一下。

这三家商店还都销售着很多创意产品、趣味商品。"这件商品别出心裁很有特色！""这个产品我也想试着用用看！"，就这样在不知不觉间，我们都寻找到几件心仪的商品。当我们从沉醉中醒过神时，才发现已在 6 层逗留了一个多小时。

我们走出 MARRONNIER GATE 银座 2 号后，简单地逛了逛位于银座二丁目的百元商店 Watts。最后我们来到了五丁目中央大街旁的商业大厦伊格顿梅尔萨·银座，该商厦距离银座四丁目十字路口徒步仅需一分钟，建在 GU 银座店和优衣库银座店之间。

5 楼电梯门打开的瞬间，我们不由地发出了"哇哦！生意真是兴隆！"的感叹。楼层中央通道的两侧都是店铺，右侧是百元商店#Workman 女子①，左侧是百元商店塞莉亚。将各家

---

① Workman 原本是一家专门售卖工作服和工具的公司，2020 年创建"#Workman 女子"品牌，凭借着优良的设计、适用的剪裁、超便宜的价格一跃成为日本女性最爱的户外品牌。——译者注

特惠连锁店同时布局于整个楼层，是一种可让消费者在不同商店间持续购物的"抱团营销"策略。

#Workman 女子，顾名思义，就是 Workman 专门面向女性群体的服装商店。"Workman"原本是专门为在建筑工地等工作的建设工人生产建筑类工装的，由于产品性能好、性价比高等原因而广受欢迎，连同"Workman Plus""#Workman 女子"等品牌，该连锁企业共计在日本开设了约 950 家系列门店。

银座的#Workman 女子门店，即便是在平日也都是顾客盈门。正如其店名所示，消费者中大半都是女性群体，覆盖了从年轻群体到年长群体间的各年龄段，她们纷纷挑选好心仪的商品到试衣间去试穿。

笔者也尝试挑选了几件产品。这些商品品质高、手感佳、价格低，不禁令人感叹："竟能在如此价格下选用这些原材料!? 居然具有如此功能!? 真是太时尚啦!"

当我们走到塞莉亚公司门店，发现其人气商品均已经售罄。询问店员才得知，电视节目所报道介绍的商品往往会迅速脱销。与大创公司相同，塞莉亚公司基本每天都会推出新商品上架销售，消费者每次前来购物都能体验到新鲜感和刺激感。

无疑，当前的高物价水平已经成为百元商店、特惠连锁商店发展的重要推动力。#Workman 女子于伊格顿梅尔萨·银座商厦开设门店是在 2022 年 4 月 28 日，恰逢大创旗舰店开业两周后。它们都是在物价持续高涨的时期，相继把广受欢迎的特惠连锁店开设在银座地区。

这些门店进驻银座，并不是单纯引发"特惠连锁商店进驻日本最昂贵地段"热议话题这么简单。我们认为，这是象征着日本资本主义急剧变化的重大事件。

百元连锁企业进驻银座确实提高了其品牌影响力。有了声名显赫的"银座品牌"加持，不仅能够消除"低廉、质次"等印象，还会增添高级感。

正如 Workman 公司专务董事土屋哲雄所说，"为了提升品牌力，即便有可能亏损也要坚持在银座开设门店"（《日本经济新闻》2022 年 3 月 28 日）。可见，企业进驻银座对于提升企业品牌力具有良好效果。

低端价格品牌中，优衣库、GU 和无印良品等企业也纷纷跟进在银座开设了门店。有人认为这些行为对具有传统以及业内标杆地位的银座品牌力造成了损害。

但是笔者认为，不能简单地将其归结于特惠型商店的野蛮扩张举动。因为这种行为，清晰地展现了日本资本主义所发生的变化。

战后，日本长期秉承"增长至上主义"①来推动经济发展。直到 20 世纪 90 年代泡沫经济破灭、日本经济陷入通货紧

---

① 也称"经济增长主义"，是指一切以经济增长为中心，把经济社会各个领域的战略和政策都纳入为经济增长服务的轨道，即经济增长至上主义。其作为发展战略的指导思想，贯穿日本的经济、文化、社会等各方面，通过经济领域各个部门和非经济领域的政策实践实现了战后日本经济的高速增长，但也产生了许多消极影响。——译者注

缩之前，在将近半个世纪中日本始终秉持着"增长至上主义"。在实现战后复兴后，日本民众为追求更加富裕的生活而辛勤工作，并开始购买高价格产品、享受高水平服务。人们不仅追求生活所必需的物品，甚至还包括希望获取的物品、希望享受的服务，认为幸福就是赚非常多的钱，购买豪宅、别墅、高档汽车、高级手表，等等。然而，这种欲望型经济发展模式受到 30 年来经济持续低增长的影响，已经失去了发展动力，日本民众的欲望也从 90 年代开始衰退，日本社会逐步进入低欲望社会。

我们可以把当前日本式的资本主义形象地比喻为双层巴士，这样会更加容易理解。双层巴士的二层车厢是"高欲望型资本主义"，也可以称作"经济增长至上主义"；而双层巴士的一层车厢则是"低欲望型资本主义"，是"去增长主义"①。正如 100 日元商店和 100 日元均一价格商品所展现的那样，它还是"百元商店模式经济"。

从战后复兴到经济高速增长期、泡沫经济期，双层巴士整体基本上都是"高欲望型资本主义（经济增长至上主义）"。

---

① 去增长，也称"脱增长"，这一术语最早是在 1972 年由法国社会哲学家安德烈·高兹（André Gorz）创造的。去增长理论（脱增长理论）意味着经济体需要放慢发展步伐，以缩减人类对日益减少的地球能源和资源的消耗，并将福祉置于利润之上。这一理论认为社会当前的经济增长模式是不可持续的，通过推行去增长政策，经济可以变得更可持续，并以此来帮助自身、帮助公民与全地球。

"去经济增长主义"是"经济增长至上主义"的反义词，意指摆脱以追求经济总量扩张为至上目标的发展模式以及对传统发展路径的依赖，推动经济社会转型发展。

在这一时期，人们始终确信"今天会比昨天更加发展，明日会比今日经济增长更快"。

然而，从日本经济陷入低增长期的 20 世纪 90 年代中期开始，"低欲望型资本主义（百元商店模式经济）"逐渐发展起来。经济增长至上主义失去了原有的动力，不再能够随心所欲地驾驶操控双层巴士。以低欲望和经济停滞为代表的百元商店模式经济，开始逐渐影响到双层巴士的二层车厢。当前，仅仅凭借"二层车厢"（高欲望型资本主义）已难以引领驱动日本经济发展。这是因为"一层车厢"部分（百元商店模式经济）已经发展壮大至相当规模。

在高欲望型资本主义最显著的代表——银座，代表百元商店模式经济的大创以及 Workman 等连锁企业相继开设了旗舰店。可以说，这种现象凸显了日本经济所发生的变化。

在伊格顿梅尔萨·银座商厦，从塞莉亚、#Workman 所在的 5 层步入 6 层，就会看到 M 银座威士忌博物馆。它是一家专门收藏日本威士忌的商业设施。宽敞大气的空间内洋溢着奢华的氛围，橱窗内展示的威士忌前都摆放着数十万日元的价格标签。热情的店员引导我们来到了收藏展示高级珍藏版威士忌的展柜前。我们看到，价格最昂贵的"三得利山崎 55 年限量版"时价居然高达每瓶 1 亿日元。这一令人咋舌的价格，时刻让人联想到自己身处银座！

结束了对银座的考察后，受责任编辑之邀我们乘轻轨列车前往 JR① 中央线的高元寺车站。高元寺车站周边随处可见便宜实惠的餐饮店，包括消费 1000 日元即可酩酊大醉一场的"千元醉"居酒屋等价格实惠的餐饮店铺云集于此。

因为距离夜晚开门营业还有一些时间，我们顺便在永旺酒品店（AEONLIQUOR）逛了逛。永旺酒品店是永旺集团的酒类销售商店。环视店内，我们看到商店一隅设有品鉴角，顾客可以站立着一点点地品尝威士忌、日本酒等佳酿。这就是所谓的"角打"②。笔者挑选了一个"精品套餐"，喝了数小杯的威士忌，每杯价格平均 200 日元左右，总计消费仅 1000 日元。与我们刚刚在银座看到的动辄每瓶高达数千万日元的威士忌相比，这里可谓是价格低廉实惠。

小酌过后，我们离开酒品店去餐馆就餐。在高元寺附近，人均 3000 日元就可以吃得非常满足。这让我们切实感受到，除了 100 日元价格均一的商店外，百元商店模式还扩展到了餐饮界。

本书主要围绕 100 日元商店、超级特惠商店的经营模式展开分析，意图探究日本经济的现状，并深入思索我们如何更好地在 21 世纪的日本生活下去，应该构建怎样的经济社会。

---

① JR 是日本铁路公司（Japan Railways）的简称。——译者注

② 角打原意是用酒枡喝酒。随着近年日本一些大城市兴起站立喝酒文化，很多酒品商店开辟角落区域，供消费者在酒店内的角落喝一杯，叫作角打。角打已经成为一种社交文化。——译者注

目 录

第一章

百元商店的盈利模式

一、异军突起的超级特惠商店

在日本，销售高价商品的商店通常集中于特定的区域。例如，高档精品商店通常聚集在东京的银座、新宿、青山、六本木等区域，而在大阪则主要集中在横贯市中心南北走向的御堂筋以及东西延伸的长堀道的交会区域。这些地区在周末都会云集大量购物客以及享受逛街快乐的人群。

相反，经营超级特惠商品的店铺，则大多布局在车站前的商店街、大型商超购物中心以及街道两侧，如 100 日元商店、超级折扣商店、回转寿司、特惠家具店等，如果消费者有兴趣可以每天都去光顾。

002　日本百元商店模式
　　——解码"去增长社会"的幸福生活

　　如此贴近于我们生活的超级特惠商店，在出现伊始就作为一种新型商业模式而受到了广泛关注。特别是在泡沫经济破灭后的 20 世纪 90 年代，很多特惠商店都在日本全国范围内拓展设立了连锁店。由于经济不景气导致高价格商品销售业绩变差、土地价格下滑使得开设新店更加容易等，特惠连锁企业的发展与经济波动存在着密切关系，这一点需要引起我们注意。

　　当前在我们日常生活中已不可或缺的超级优惠商店，支撑了日本泡沫经济破灭后所陷入的低收入结构。根据日本国税厅《民间收入实态统计调查》，日本国民平均年收入在 1997 年达到 467 万日元高峰后，呈现出单边下滑的态势；2020 年约为 433 万日元，在经济合作与发展组织（OECD）成员国中排在第 22 位，在 G7 成员国中排在最后一位，与排在首位的美国相比，日本国民平均收入仅约为美国的一半。

　　在国民收入水平相对较低的日本，人们的生活得以维系主要得益于社会中大量存在的超级特惠商店。至于究竟是因为收入下降导致超级特惠商店数量增多，还是因为超级特惠商店数量增多而导致国民收入保持在相对较低水平，这就是"鸡生蛋"与"蛋生鸡"的关系。不过，对于希望降低人力成本支出的企业而言，超级特惠商店数量的增加，无疑是给了企业一个可以不必增长员工薪资的顺理成章的说辞。

二、百元商店是零售业的迪士尼乐园

百元商店的魅力之一在于其丰富的货物品类。雄踞业界龙头的大创公司，实际在售的商品种类高达 76000 种。而在便利连锁店业界中规模最大的 7 - 11，销售的商品种类约为 25000 种，两家企业间相差近两倍。位居业界次席的塞莉亚公司约为20000 种商品，第四位的 Watts 公司（包括 MEETS 和 SILK 品牌）约为 7000 种商品。

大创公司单月最多有 800 种新产品上市销售，塞莉亚公司为 500~700 种新产品。这就意味着，当消费者每次来到店铺时，都极有可能发现新商品。

而便利连锁店，除了期间限定的商品外，其所销售的产品完全都是我们已经熟知的"固定商品"。因此，消费者通常会带着"去购买那件商品"等购买目的来店进行消费。

而百元连锁商店业态则相反。即便消费者没有特定的希望购买的商品，也都会进店逛逛。当人们看到百元商店后，可能即便没有购物计划也会进店看看，哪怕只是有一点空闲也要进去逛逛。为什么人们都会选择进店看看呢？原因就在于百元商店的商品更新非常频繁，促使消费者形成了"现在又有什么新产品上架了呢"等期待感。

　　此外，百元商店还销售着便利连锁店所没有的创意商品、趣味产品，消费者每次来店都能享受到发现独特新商品的乐趣。那种期待着"百元店肯定正在售卖着价廉物美的新商品"的兴奋感，是在便利连锁店、百货商店中所无法体会到的。

　　消费者购买的趣味商品、便利商品等能够在家庭中、工作单位和学校中广泛使用，借此既能够实现属于消费者自身的兴奋感、幸福感，也可以与家人以及朋友们共享。因此，消费者会频频光顾百元商店，渴望获得更多的兴奋感。

　　从消费者角度看，百元商店就是自身期待感不断增长的"梦想之所"，如同顾客回头率在90%以上的迪士尼主题乐园一样。通过趣味商品、便利商品等来吸引"回头客"的百元商店，我们可以形象地将其称作"零售业的迪士尼乐园"。它是消费者因为期待感而感到兴趣盎然、愿意数度移步光顾的消费场所。

三、消费者为何光顾百元商店

　　日本对百元商店消费行为有着详尽的调研数据。DoHouse曾于2018年11月发布了《关于百元商店消费行为的调查报告》（以下简称《调查报告》），该调查结果展示了人们涉足百元商店进行消费的理由。

首先来看消费者在百元商店购买商品的频次情况。总体来看，"每两周一次"者比重最高，为35%，"每周1次以上"者占比12%，两者合计为47%。问卷调查结果表明，将近半数消费者至少是"每两周一次"前往百元商店购买商品。如果加上"每月1次左右"（占31%）的受访消费者，那么约有八成的消费者至少每月会在百元商店消费一次。

相反，从未在百元商店消费过的群体有多少呢？调查结果显示，"完全没有百元商店消费的经历"者仅占2%，"以前曾有过百元商店消费的经历"者约为1%。也可以这样说，一年内从未在百元商店购买过任何商品的群体仅约占3%。调查结果清晰地表明，从未在百元商店消费过的群体数量处于极低的水平。

其次来看消费者在百元商店购买的商品情况。调查结果显示，消费者经常购买的商品类别中"文具"（68%）占比最高，"厨房消耗品"（60%）及"洗涤用品"（53%）占比次之。这种态势在不同年龄层之间存在较大的差异，调查反映出的年龄层差别特点是，30 ~ 40岁的消费者偏好购买"小件室内装饰品""餐具类""小件美容品""体育用品·玩具""派对商品"等。

对于该《调查报告》，我最关注的就是调查消费者在百元商店经常购买的商品及其购买的理由等内容。消费者购买商品的主要原因包括"可从丰富的商品种类中选择满足不同用途及场合的商品"以及"百元商店具有不逊于一般商品的品质"等。

《调查报告》中还有"百元商店的商品更符合个人生活需求"这样一条消费理由，表明百元商店的商品物美价廉、设计简约等特点紧密契合了人们当前的生活方式。

此外，购买消费的原因中还包括"可随时一次性使用，始终保持常新状态"等反馈意见。高价商品即便受到些许污损，消费者也不会轻易地替换购买新产品，而对于100日元均一价格商品消费者则往往会一次性地使用消耗。这体现了消费者"相较于高价商品，更倾向于购买使用便宜且清洁卫生的新品"的价值观念。

下面，我们继续分析消费者认为百元商店"足以满足、充分满足需求"的商品类别情况。总体来看，洗涤用品（25%）占比最高，文具（24%）和厨房消耗用品（22%）占比次之，这与前述消费者"经常购买的商品类别"基本一致。消费者经常购买的100日元商品，都是日常生活中不可缺少的身边物品。

百元商店的商品种类"足以满足、充分满足需求"的理由中，还包括"百元商店商品种类齐全、便利"等反馈。这表明100日元均一价格商品早已不再是"价低质次"那种印象。特别是针对厨房消耗用品和工具类商品，受访者给予了"品种多样""每件商品的分量充实""轻薄短小"等独具100日元均一商品特色的评价意见。

在百元商店"购买商品的理由"中，消费者因为价格便宜等"节俭理念"而购买商品者约占五成。其余五成消费者则是出于其他原因而购买，如或是喜爱100日元均一价格商品，或是商品符合其生活方式等。这些情况表明，100日元均一价格商品已经成为人们日常生活的必需。

通过实际情况调查，我们可以发现百元商店所具有的魅力及其蕴含的潜在可能性。具体表现如下：

（1）百元商店所蕴含的价值在于，因为商品价格较低，消费者可以随心所欲地进行一次性的消耗使用，所以那些使用频度高、消耗量大的商品，能够常态保持全新状态使用，即保持清洁新鲜度。

（2）百元商店所蕴含的价值观在于，如果增加商品的使用机会、使用频度，将会提升生活的幸福感。

（3）百元商店的商品种类和设计丰富多样，令消费者存在着对"甄选乐趣"的期待感。

（4）使用100日元均一商品可以"制作可爱的便当""增加油炸食品的制作食用次数""增进人际间的礼尚往来"等，为人们日常生活增添乐趣。

（5）餐盒、起子、食谱手账等厨房用品具有"轻薄""短小"等特点，得到消费者"轻便""便携""节约收纳空间""俭省"等好评。此外，100日元均一价格商品的轻薄、短小等设计创意，大大提升了产品便利性。

百元商店不仅有力支撑了日本国民的生活，还为人们带来了生活方式的变化，创造出新的价值。如果说迪士尼乐园是一个"体验梦想的地方"，那么百元商店则是"可以购买到梦想的世界"。消费者通过使用100日元均一价格商品，能够实现自身的小梦想；而通过购买100日元均一价格商品，更能收获令生活多姿多彩的充实感和满足感。由此，原本的物品消费就会演变为场景消费。[①] 迪士尼乐园的游客，

---

① 场景消费与物品消费是两种不同层次的消费形式，也代表了人类生活消费的不同发展阶段。场景消费是比生活消费更高级、更高层次的消费形式。在物品消费时代，消费的主要目的是满足人们的物质生活需要，因此消费者通常关注的是商品的物理属性，以商品质量的优劣和价格的高低为标准决定是否购买，遵循"边际效用递减规律"。而场景消费，商品不仅要满足人们的物质生活需要，消费的过程也要满足人们心理上、精神上等多方面的需要，只有那些与消费者的价值观念、审美情趣、生活习惯、思维方式、个性特点等相吻合并具有较强表现力的产品及服务才能得到消费者的青睐。——译者注

可以通过置身于"非日常空间"来体验梦想的世界。百元商店的终端消费者，则通过使用 100 日元均一价格产品在自身日常生活中去实现梦想。"用这个产品可以做成××"，通过使消费者产生这些想法，百元商店构建了享受近似于 DIY[①]的场景消费环境。

便利连锁店的核心商品是食品、饮料，消费者通过食用、饮用可尽享消费生活。相反，百元连锁商店则可以使消费者通过购买那些能让自身生活变得更加充实的物品，促进整个生活更加丰富多彩。

四、百元均一价格商品"价格低廉"之外的价值

百元连锁企业还在积极地应对地球环境变化。为了防止人们对商品简单随意地一次性使用，百元连锁企业致力于开发环境友好型（ECO）商品，如将塑料材质转换为纸张材质，将木材转换为非木材。例如，百元连锁企业将竹子、蔗渣（甘蔗制糖时压榨后的渣滓）等作为产品原料受到各界广泛关注，

---

① 意指购买配件自己组装，即手工自制。DIY 是 "Do It Yourself" 的英文缩写，最初兴起于电脑的拼装，后逐渐演绎成为一种流行生活方式。——译者注

它们还研发、销售获得一般社团法人日本有机资源协会"环保生物标识"认证的产品。

（一）大创公司的环境友好型商品

大创公司从 2021 年秋天开始大力推进使用植物提取成分的塑料袋、塑料杯，以及不使用木材而是由蔗渣提取制作的纸皿等环境友好型商品的营销活动。例如，采用钟化公司（Kaneka）研发的生物可降解聚合物"绿色星球"所生产的塑料吸管，自 2022 年 1 月起由东京都中心区域门店顺次发售，并扩展到日本全国范围内的 2500 多家门店。此外，大创公司还销售以下环境友好型商品。

（1）纸质吸管。

（2）纸质垃圾滤水袋。创意商品（不再需要三角沥水过滤筐）+ 环境友好型制品。

（3）由木材和甘蔗渣生产的纸巾，减少了木材使用量。

（4）竹制品（饭勺、调羹、铲子、筷子等）。由于竹子繁殖力强，采伐后留存地下的根茎会很快繁殖生长出新竹子，可有效替代其他木材制品。

目前，以厨房用品为中心的环境友好型商品不断增多，主要是因为厨房用品每日需要使用，而且消耗量大。环境友好型商品意味着，百元均一价格商品是可不断满足消费者需求的商品以及生活用品，百元商店模式的资本主义更是适应可持续发展目标（SDGs）的生产生活模式。

（二）CanDo 公司的环境友好型商品

CanDo 公司主要销售以下类别环保商品。

（1）各种"环保纸质托盘（环境友好型托盘）"，可进行垃圾焚烧处理。因为采用非木材原料，可为森林保护作出贡献。

（2）倍半碳酸喷雾清洁剂，因为未使用表面活性剂，所以毒性较低，是一种环境友好的绿色环保商品。

（3）浴室海绵擦（日本制），未使用稀释剂等任何黏接溶剂，是安全且对环境友好的清洁用品。

（4）甘蔗棒芯棉签，使用甘蔗而非塑料为棒芯的环境友好型商品。

（5）竹制筷子。

（三）塞莉亚公司的环境友好型商品

塞莉亚公司销售以下环保型商品。

（1）碳化加工的煤竹制筷子。利用专用压锅施加高温和高压，使得竹子内部呈现熏蒸状，是一种采取了提高防虫、防霉效果等加工工艺、未使用化学药剂等的环境友好型商品。

（2）蔗渣材质餐碗（甘蔗渣制的纸皿）。

（3）分隔式托盘：使用甘蔗以及非木材（添加芦苇材料）制成的托盘。

（4）蔗渣材质午餐盒。

（5）蔗渣制纸皿。

（6）手提式环保材料垃圾袋。配合添加了40%由淀粉和碳酸钙（碳酸钙＝石灰石，日本国内可稳定供给）所制成的环保材料（降低二氧化碳排放量的环境友好型垃圾袋）。

（7）固体胶棒（生物环保标识认定商品）。尽管生产成本较高，但企业仍全力推动研发生物可降解产品。

（四）Watts 公司的环境友好型商品

Watts 公司主要销售以下环保型商品。

（1）纸质环保加湿过滤器，不需要接插电源。

（2）生物降解可弯曲吸管（生物环保标识认定商品），使用取自甘蔗的植物性塑料。

（3）手提式塑料袋，配合添加25%生物环保材料。

（4）环境良品"午餐盒"，使用非木材纸浆（蔗渣纸浆），未添加荧光染料。

五、风行世界的百元均一价格商品

百元商店这一业态诞生于日本。针对大创公司于 1977 年创建的百元商店经营模式，我们将在第二章进行详细分析。诞生于日本的百元商店经营模式，目前已经扩展至全球并在世界各地持续演进发展。

（一）美国

1. 99 Cents Only Stores

正如店名所示，该企业为 99 美分价格均一的连锁商店，门店数量在美国全境已经超过 300 家。商品种类丰富多样，丝毫不逊色于超市，蔬菜、水果、酒类、饮品等都按照 99 美分的价格销售。

2. Dollar Tree

该企业 1986 年创建于美国弗吉尼亚州，目前在全美以及加拿大拥有约 15000 家门店。以前具有面向低收入群体的特征，近年随着 DIY 热潮的兴起，该企业积极利用 YouTube 加大了宣传力度。销售的商品包括食品、消耗品、玩具、美发用品、浴室用品、聚会用品、贺卡等多种类别，部分门店还销售蔬菜及水果等。

（二）英国

1. Poundland

该连锁企业于 1990 年创建，在英国有 800 余家门店，在爱尔兰拥有超过 60 家门店。

2. Pep & Co.

该企业隶属于南非的佩普罗尔公司，以英国沃特福德为总部。作为一家超级折扣服装零售连锁企业，其采取了店中店经营模式，提供女装、男装、儿童装等全方位服务。

3. Sam 99p

正如店名所示，该连锁店是按照 99 便士价格经销商品的企业，含消费税价格为 1 英镑，其商品种类与“英镑乐园”完全相同，但门店数量较少。

（三）加拿大

Dollarama 是加拿大规模最大的价格均一连锁店，在全国范围内拥有 900 余家门店，消费者可在此购买到文具、食品、餐具乃至厨房器具等商品。店内推介商品包括聚会用品、节庆商品等主题产品，在复活节、万圣节、圣诞节等节假日前，会大量增加五彩缤纷、活泼可爱的商品。

（四）德国

1. TEDi

TEDi 是发祥于德国的杂货用品商店。作为一家大型连锁店，目前已在西班牙、意大利、澳大利亚等国家拥有 2000 家以上的门店。商品销售价格涵盖 0.65 ~ 20 欧元区间。

2. 1 Euroshop

店内所有商品均按照 1 欧元价格销售。

（五）澳大利亚

WOOLWORTH 是发祥于澳大利亚的杂货用品连锁店。除了生活杂货用品外，消费者还可在此购买到衣服、鞋子、寝具以及家电等用品。

（六）中国

"一伍一拾"由上海智造空间家居用品有限公司运营，成立于 2007 年 4 月，主要按照人民币 5 元、10 元、15 元等统一价格开展营销，迄今已在上海、北京等主要城市开设了 250 家直营门店。商品注重吸收日本、美国、英国、韩国,以及中国台湾等地的时尚要素。

(七)泰国

20Bshop 连锁店的特点是生活杂货品种齐全,其中包括很多用日文、韩文标识的商品。该企业采取低于 20 泰铢的"批发价格"销售策略,并提供外送服务。

世界主要的价格均一商店见表 1–1。

表 1–1　　　　世界主要的价格均一商店

国名	名称
美国	99cents Only Stores
	Dollar Tree
澳大利亚	DOLLAR KING
	WOOLWORTH
英国	Poundland
	Pep & Co.
	Sam 99p
加拿大	Dollarama
德国	TEDi
	1Euroshop
中国	一伍一拾
泰国	20Bshop

资料来源:笔者制作。

六、超越本家的百元商店开始涌现

在世界范围内风行的百元商店业态中，中国的"名创优品"（MINISO）取得了令人瞩目的发展。该企业在 2013 年开设广州 1 号店的同时，还在日本东京银座设立了企业总部。名创优品的购物篮、企业标识、门店设计风格等，与优衣库、无印良品及大创等都非常相似，让人误以为它是日本的在华投资企业。

由于 UNIQLO 在中国的注册品牌是"优衣库"，DAISO 的中国品牌是"大创"，因此该公司名称"名创优品"似乎是分别从大创、优衣库和无印良品各取了一个字而形成的。

创业十年来，名创优品已经在全球 99 个国家和地区投资开设了 5113 家门店（截至 2022 年 3 月）。日本大创公司虽然也在世界 25 个国家和地区开设了 5890 家店铺，但却是从 1977 年创业以来历经 45 年时光所取得的业绩。名创优品公司发布的财务报表显示，尽管受新冠疫情等因素影响，但仍取得了平均单季度增加 68 家店铺、全年新增 526 家门店的佳绩，其扩张速度已经超越了百元店的鼻祖本家大创公司。2020 年 10 月名创优品在纽约证券交易所上市，融资约 6 亿美元（约 630 亿日元),市值总额超过 60 亿美元(约 6300 亿日元)。在制造业及 IT 领域取得令人瞩目的飞跃发展的"中国力量",已经开始在全球零售业市场展露头角。

名创优品的强大优势在于商品企划力。该企业每隔 7 天就会汇集 1 万项创意,其中约有 100 项创意会转化为商品进行销售。结合"7 天、1 万项、100 项"等关键数字,我们可以将该企业经营战略形象地称作"7·1·1 战略"。

近年来,名创优品已经与 17 家著名品牌开展战略合作,如销售米老鼠、凯蒂猫(Hello Kitty)等品牌商品。这些著名品牌似乎并未将名创优品视为"山寨经营模式",而是对其给予充分信任,或许它们是基于"与其未经授权遭到山寨模仿,莫若采取战略合作的方式更为有利"这样一种务实策略。

名创优品先后在日本东京的池袋、高田马场、涩谷等地开设了分店。走进这些实体店铺我们会看到,日本名创优品的装潢氛围等似乎并不像百元商店风格,店内装饰以及商品陈设展示等都非常时尚,只有少部分商品价格为 100 日元。映入消费者眼帘的是,美容物品、芳香香氛、化妆品袋、数码产品、收纳用品等以女性为目标群体的时尚日用杂货、小件物品、化妆品类等。此外,还包括角色商品,以及与迪士尼、可口可乐、美国的人气动漫"咱们裸熊三兄弟"等共同打造的产品。如果人们事先不知道它是百元商店而进店购物的话，大概会以为名创优品是家时尚精品店。

名创优品的全球扩张以及在美国证券交易所上市，都是日本的百元均一连锁商业模式在世界范围内受到广泛关注的佐证。我们认为，当今世界已经进入了"百元商店的时代"。

百元均一连锁商业模式，未来将继续在世界范围内不断发展。这不仅是因为这种商业模式所独有的优势，更源于发达国家经济长期处于低增长、世界经济增长呈现钝化这一国际背景。

七、随着泡沫破灭而展露峥嵘的百元商店

百元商店在 20 世纪 80 年代正式登场亮相，在泡沫经济破灭后的 90 年代百元商店门店数量不断增长。大创于 1987 年开始在超市一隅以及车站的商业角落创设"百元商店 DAISO"，其直营的常设门店则是 1991 年在香川县高松市开设的 1 号店。其他品牌的连锁店，如塞莉亚、CanDo 和 Watts 等公司分别于 1987 年、1993 年和 1995 年成立。我们可以看到，这些百元连锁企业都是在泡沫经济破灭后经济低迷背景下崛起的商业模式。

"百元商店"的名称首次出现在媒体中,据笔者所知是1989年12月27日的《中日新闻》(朝刊),新闻报道的标题是《超市设立的百元商品专区》,当时百元商店常设门店模式尚未出现。

关于百元商店常设门店的新闻报道,则是1993年7月1日《日本经济新闻》(晚刊)刊登的《让囊中不再羞涩的百元商店 因不景气而盛况空前的常设门店——淘货中的快乐》。1994年,《产经新闻》《读卖新闻》《朝日新闻》等日本全国性报纸均不约而同选取了百元商店作为报道题材,进一步提高了全国范围的认知度。

20世纪90年代初期泡沫经济余波犹存,各界尚未普遍认为日本将陷入通货紧缩经济状态。这是因为,战后日本除了在盟军占领状态下实施1949年财政金融紧缩政策"道奇计划"而经历过通货紧缩外,其后40余年来日本始终保持着经济景气。街市上,泡沫经济时期的高价商品充斥于坊间。因此,百元商店这种"销售低价商品的商店"在当时是如何获得消费者认同的,这引起了笔者浓厚的兴趣。此外,在土地价格高涨的时代,采用100日元均一价格经营策略的企业是否能够盈利,对此笔者也怀有深深的疑问。

关于百元商店经销产品的成本,一则新闻报道给出了答

案。那是 1996 年 11 月 28 日《朝日新闻》（朝刊）刊载的
《27000 家小门店经销着 3 万种商品》。新闻报道中还介绍了
中国浙江省义乌市批发销售百元商品等情况。浙江省义乌市
享有"百元商店的故乡"美誉。义乌市内共有三个大型市
场，其中规模最大的就是"义乌国际商贸城"（以下简称"福
田市场"）。

福田市场是世界最大的日用品和杂货批发市场。其前身是
1982 年建设的湖清门市场，经过不断扩张发展，目前已成为
拥有 5 栋商厦的超级购物中心，全长约 2.5 千米，相当于 6 个
东京巨蛋棒球场①，总面积达 640 万平方米。约有 7.5 万家经
营玩具、装饰用品、化妆品、服装、工艺品等的批发零售业者
进驻于此，经销着包括中国以及海外国家（地区）生产的 180
余万种商品。来自世界各地的采购商云集于此，日均客流量高
达 20 万人次，向全球 200 多个国家和地区日均发送 6 万吨货
物。年均交易总额超过 2.4 万亿日元，其中九成以上都是面向
出口。

福田市场还有广受全球关注的特殊时期，那就是美国总统
选举时期。美国选民支持候选人所使用的旗帜，大部分都是由

---

① 英文名称为 Tokyo Demo。东京巨蛋棒球场建成于 1988 年，是日本第一个
带屋顶的全天候型多用途体育场，是读卖巨人棒球队主场。——译者注

义乌生产制造的，因为可以通过助选旗帜的出货量来预测当选者，因此也被称作“义乌指数”。

此外，浙江省义乌市还占有着全球流通使用的圣诞用品约2/3 的份额，因此也被称作“世界最大的圣诞用品集散地”。

1998 年1 月笔者赴中国浙江省义乌市进行了实地走访。从上海驱车沿着两边满是农田的公路行驶2 个小时左右，巨大的市场逐渐呈现在我们眼前。尽管当时市场规模尚未扩充，但其规模已是相当庞大。抵达市场后我们使用随身携带的数码相机进行拍摄，因为市场规模巨大，照相机甚至无法将整个市场画面收入镜头。

穿梭在购物中心内，百元商店内所见的餐具、容器、文具、生活杂货等各类专业批发店鳞次栉比。除了亚洲，还有来自欧美、中东、非洲地区的海外采购客商，他们一边确认着商品，一边与商家进行谈话交流。

令人惊讶的是，居然有很多商家陈列、展示着用日文标记包装材料进行包装的商品。这也意味着，早在1998 年他们就已成为日本百元商店的供货商之一。

对日本百元商店来说，这大大减少了对商品进行外包装的麻烦以及成本。只要货物运抵日本，即可在门店内上架销售。

商品批发价格每件30 ~ 50 日元，当然还有价格在10 日元以下的商品。如果按照 100 日元价格销售，企业的毛利润在 50～70 日元。如果销售出 1000 件商品，那么毛利润就是 5 万～7 万日元。笔者仔细端详着手中的商品，直观的感受就是"销售这个商品肯定能赚钱"。

中国浙江省既是绍兴酒的产地，同时也作为缝纫之乡而广为人知。优衣库的母公司迅销集团（Fast Retailing-UNIQLO），最初在中国选定的生产制造合作商就是浙江省宁波市的工厂。义乌市及其周边地区纺织工厂、服装工厂等数量众多，福田市场的前身就是 1982 年建成的汇集服装、地毯、窗帘等众多专业批发商的湖清门市场，在 1998 年就已享有"连续十余年成为世界最大的物流中心"之美誉。

新冠疫情暴发后，海外的采购商无法来此，因此福田市场的部分区域似乎成为了"百叶门街"。市场运营方积极采取开通在线交易的专业网站等方式应对困境。2019 年 8 月，义乌空港和关西国际空港的货物航线开通，物流效率得到大幅提升，这是中国邮政航空有限公司（以下简称"中国邮政"）的货运班机进入义乌空港后开辟的新货运航线。中国邮政的国际航线货物运输航班采用波音 737 机型，每周二至周六往返 5 次飞行。

由中国义乌国际商贸城发送到日本的商品，次日就可以配送至日本国内的各家门店。这不仅大大降低了流通成本，还可以在较以往更短的时间内采购商品并提供给日本消费者。

　　日本的百元商店，得益于以义乌市为代表的中国经济活动的强大支撑。当然，我们也可以这样说，整个日本经济都依赖于中国经济发展。日本对外贸易中，对华贸易比重在 2020 年达到历史最高点 23.9%，而位于第二位的美国只占 14.7%，二者之间存在着巨大的差距。日本贸易总量的大约 1/4 依赖于中国的支撑。

　　日本在通货紧缩经济背景下，通过依赖中国经济发展勉强维持着经济低增长态势。百元商店商品，正是通货紧缩经济以及依赖中国的具体象征。当然，对于中国来说，日本也是非常重要的贸易对象国。如果认识到两国之间存在的相互依存关系，那么构建良好的合作关系无疑是两国未来的重要选项。

八、百元商店的最终利润

　　以下围绕百元商店的经营模式展开分析。

　　首先来看四家大型百元连锁企业的销售额。2020 年，大创公司销售额为 5262 亿日元，塞莉亚公司销售额为 2006 亿日元，CanDo 公司销售额为 730 亿日元，Watts 公司销售额则为 528 亿日元。

　　在流通行业中，大创公司的销售额与百货店业界的高岛屋①、便利连锁业界第三的全家（Family Mart）②基本持平。由于大创的商品单价基本都是100日元，因此要实现5000亿日元以上的销售额，通过简单计算就可推算出其每年销售的商品数量在50亿件之上。

　　很多人认为百元连锁店的经营模式就是薄利多销，利润率低、赚钱比较少。其实，百元连锁商店的经营，根据其采取的策略方式也可获取很高的利润率。

　　超市、便利连锁店等零售业，其营业利润率（营业利润/销售额）平均为2%~3%。一般制造业平均为5%左右，位居连锁便利店业界榜首的7-11（Seven Eleven）则为6%左右（2021年2月）。居百元商店业界首位的大创公司因为未上市而无相关数据，但排行第三的CanDo以及排行第四的Watts等企业都超过了2%。可见百元连锁商店模式的利润率并不低。值得关注的是，业界排行第二的塞莉亚公司，其营业利润

---

①　株式会社高岛屋（Takashimaya）是日本的一家大型连锁百货公司，是饭田新七1829年于京都创立的一家二手服饰及棉纺织品零售商。目前总店设于大阪市，业务范围涵盖零售、批发、进出口等，在日本国内拥有20余家连锁店，在纽约、巴黎及新加坡等地设有海外分公司。——译者注

②　全家（Family Mart），全称全家便利商店，是日本著名连锁便利商店品牌，成立于1972年。迄今已在全球开设24179家门市，其中日本国内16519家，海外7660家。2020年7月日本全家便利店被日本伊藤忠商事收购。——译者注

率实际上超过了 10%，甚至高于 7 - 11 的 6%，是零售行业平均利润水平的 2 倍以上。至于塞莉亚的利润率为什么会这么高，我们将在后文进行详细分析。

九、为何百元商店的营业利润率高

百元商店的每件商品虽按照单价 100 日元销售，但其营业利润率却很高的原因是什么呢？我们整理了以下要点。

（一）大量生产、大量采购、大量销售体制

百元商店通过大量采购同一种商品来降低单件商品的成本。例如，从外包装的制造商来看，供货商就包括了大型制造商、中小制造商、批发商等复杂多元的渠道。外国生产制造的产品中，中国制造的商品占了压倒性多数，其次是越南、马来西亚等东南亚国家的产品。

中国现在已成为世界第二位的经济大国，人均 GDP 排在世界第 61 位（2020 年），约 1 万美元。人们的平均月收入在 10 万日元左右，可利用劳动力成本优势组织实施生产活动。上海等沿海地区人力成本较高，而内陆农村地区的薪资目前仍处于较低水平。四川省成都市、直辖市重庆等，近年已成为工

业迅猛发展的地区。

也就是说，百元连锁商店业界采取了这样一种机制，即通过在人力成本低廉的地区大量生产制造产品、在福田市场等物流集散中心大量采购商品来降低商品单价，进而提高毛利润。

在福田市场等地经营的批发商，成为接受产品订单、发布采购订单的窗口，形成了接收满足日本市场品质、设计以及性能要求的产品订单，并面向全国的制造商采购产品这样一种机制。由此，通过"商品"构建起了由数十家乃至数百家企业共同组成的生产制造体系。"即便还存在海关通关成本以及物流费用，但只要能够大量销售就可以产生较大的利润空间"（《产经新闻》2012 年 8 月 24 日）。与越南、马来西亚等国家相比，中国的机械化发展程度更高，可以更加高效地生产出高质量产品。也正是由于中国拥有的先进生产体系，才能够生产出在福田市场所见的单件批发价格在 10 日元左右的商品。

这种大量生产、大量采购、大量销售机制的重点在于，要避免让制造商以及批发商承担退货风险。因此，百元商店的采购实施了"完全收购制"。完全收购制是指，制造商事先收取约定的货款，商家按照订单约定数量采购商品。由于没有退货的风险，可以降低采购价格。

创设自主品牌，也是降低生产成本的方法之一。大创公司的自有品牌商品约占商品总量的 90%。各家百元连锁企业还采取不建设自有工厂的"无工厂经营"模式，委托中小制造厂商实施 OEM[①] 生产方式来控制成本。委托加工生产，现在已成为全球化企业不可或缺的模式。例如，丰田汽车公司向泰国、马来西亚、印度尼西亚等国家的制造商订购零部件产品，最后再运往泰国的工厂组装完成汽车成品。当我们听到"构建全球化的供应链"时，通常会浮现出以汽车厂商为代表的大企业。实际上，我们身边的百元连锁商店，也同样构建了灵活运用最佳产地生产、委托加工生产模式来提高企业利润的体系。以大创公司为例，该企业正在积极与 45 个国家和地区约1400 家合作伙伴共同推进商品研发（《读卖新闻》2017 年 4月 19 日）。

　　百元连锁店的经营模式，与其说是国际供应链管理（supply chain management，SCM），不如称为产品链管理（product chain management，PCM）更为贴切，这是一种充分发挥全球化优势，实现最佳生产基地、最佳物流基地的生产流通体系。

---

　　① OEM 是 original equipment manufacturer（原始设备制造商）的缩写。品牌生产者不直接生产产品，而是利用自己掌握的"关键的核心技术"负责设计和开发新产品，控制销售"渠道"，通过合同订购的方式委托其他厂家生产，所订产品低价买断，并直接贴上自己的品牌商标。这种委托他人生产的合作方式即为 OEM，承接加工任务的制造商就被称为 OEM 厂商，其生产的产品就是 OEM 产品。

此外，百元连锁商店还销售大量日本生产制造的商品。它们之所以能够在日本国内低价采购到货品，主要原因就是充分利用了日本中小制造商制造产能的生产余力。中小制造商的工厂，即使生产线稼动率降低，其水电燃气费、折旧成本费等固定成本也不会发生很大变化。因此，那些产能存在过剩余力的企业，会通过生产制造百元商店产品以提高稼动率，有效降低其固定成本。这种现象，可以说是"日本经济的低增长＝低生产力"所引致的意料之外的副产物。

百元连锁企业，向希望提高稼动率的工厂发送订单，进而实现采购价格的降低（《产经新闻》2017 年 4 月 19 日）。假设工厂每日只能稼动 8 小时，如果工厂将剩余的 16 小时用于生产百元商店产品，那么百元连锁企业就可以对工厂设定较低的采购价格。尽管有批评意见认为这是利用了中小企业的弱点，但是对于那些希望提高稼动率、增加销售额的中小厂商来说自然是持欢迎态度的。

我们绝不能忘记，是生产厂商的努力经营支撑了以低价格销售高品质商品的百元连锁经营模式。例如，生产工厂位于东大阪市的中谷（NAKAYA）化学产业株式会社，每年平均生产数十万件百元均一商品。因为采取大批量生产方式，工厂模具使用了具有耐久性的昂贵钢材，此外，为了增加可一次成型的产品数量，该企业还开发了大型模具。

生产厂商为了提高产品质量和生产效率，还增加了成本投入。例如，研发热流道等设备装置，减少喷射成型（塑料等合成树脂的加工方式）所产生的塑料废料。尽管企业的生产模具以及设备的初期投资金额较高，但生产厂商并未因此提高百元商店货品的单价，因此有不少品类产品往往需要数年才能实现获利。就此，中谷化学产业株式会社的网站进行了以下解释："设备以及模具等初期投资较高，很多产品往往要在数年后才会产生利润，正如经济学所说的'商品的惊险的跳跃'①。"包括中谷化学产业株式会社在内，日本国内的百元商品制造商大多位于大阪。

回顾百元均一价格商品的历史，人们脑海中自然会浮现出某大型百货商店的身影。在大正时代②结束时的 1926 年，位于长堀桥的高岛屋大阪店试验性地开设了"10 钱③均一商品专区"，这就是百元商店的开端。随着这种尝试性销售获得好评，销售的商品种类逐渐丰富，1930 年高岛屋南海店试营业

---

① 商品的惊险的跳跃，是卡尔·马克思《经济学批判》以及《资本论》中出现的术语，揭示了商品价值向货币转化的困难与风险。
② 大正时代是指日本大正天皇在位的时期（1912~1926 年）。——译者注
③ 日本旧时货币的单位。"钱"和"厘"为辅助货币单位。现今日本国内的交易皆以元（円）为最小单位，辅助单位（钱、厘）已基本不使用。但股票及外汇交易时，为了方便显示，也会使用日元辅助单位。——译者注

时，将一层和二层部分区域开辟为 10 钱均一价格商品专区。周边的大阪商人都认为，"那种薄利多销模式除了徒增劳苦，不会产生盈利"。但这种经营模式最终引起了轰动，生意非常兴隆。随后，高岛屋将"10 钱商店"从百货店业务中剥离，半年时间内相继开设了 12 家门店。当时的新闻报道形象地将百货店比喻为"大型航母"，把"10 钱商店"比喻为"小型战舰"。

如同当今百元商店也销售 300 日元、500 日元商品那样，"10 钱商店"也增加了 20 钱、50 钱价格商品的销售。1932 年商店名称改为"10 钱 20 钱 50 钱商店"，经销商品数量达到 3000 种以上。如上所示，高岛屋所创建的"10 钱 20 钱 50 钱商店"不断发展，成为促进大阪地区诞生大量供货厂商的重要契机。

在百元商店中，我们经常能发现它与连锁便利店、文具店等销售着同种商品。例如，大王制纸生产的厨房纸巾、MONO 生产的橡皮等知名品牌商品。在百元商店，MONO 橡皮按照 200 日元两个的价格销售。为什么与文具店同样的知名品牌商品会在百元商店进行销售呢？对于百元商店来说，销售知名品牌商品的益处良多。它在提升百元商店的价值以及信任度的同时，更吸引了以购买知名品牌商品为目的的来店消费者。对于大型知名厂商而言，向百元商店批发商品也有益处。首先是能扩大产品的销路，那些通常在文具用品店、超市、便利连锁店等购买的商品，通过在全国性百元连锁商店上架销售，可以增加消费者的关注机会。

此外，与便利连锁店相比，百元商店更加注重在销售方式上下功夫。例如，有乐制果公司生产的雷神巧克力能量棒，位居 CanDo 公司的销售额前列，成为百元商店的畅销商品。这就得益于其采取了不同于便利连锁店的销售方式。笔者走访门店时发现，便利连锁店标价每条 30 日元的巧克力棒，百元连锁店则是按照 4 条 100 日元的价格销售。对制造厂商来说，虽然产品单价有所降低，但一次能够售卖出多件产品还是值得的。

也就是说，对于在连锁便利店按照单品销售的商品，百元商店则采取了多件打包销售的策略，或采取反向操作将便利连锁店打包销售的物品拆分为单品进行零售。通过销售方式的差异化，百元商店实现了与便利连锁店的共存。

（二）以信息技术为支撑的管理体系

支撑百元连锁商业模式的第二个机制就是以 POS 系统为核心的信息技术。

POS 系统是 "point of sale" 的简称，意为 "销售时点信息管理系统"。POS 系统可按照商品的种类统计分析每日的销售额，并将其数据运用于改善经营活动。

百元商店的结算收银，通过读取商品的条形码来进行结算。POS 系统不仅可以区分商品的种类，还可以汇总统计商品是在哪家门店、在哪个时间段销售了多少件等详细数据。这些数据在总部后台实施一元化管理，可以广泛运用于在库管理、销售分析、热销商品调查、需求预测等方面。

通过数据资料企业可以客观地分析消费动向，科学制定销售策略，对人气高的商品增加在库库存、对不受欢迎的商品进行撤架等。如果能够提高热销商品的比重、减少库存量，企业就可以提高经营效率。塞莉亚公司的营业利润率超过 10%，其所取得的瞩目表现也是得益于构建了高效经营管理系统。该公司的网页上介绍，其流通的基本战略就是在全国所有门店都提供"顾客需求度高的固定商品"。

（三）极致的人力成本削减系统

百元商店还能够通过同一价格，实现削减其他零售业者所必要的成本。超市陈列的商品因为价格各异，所以在货架和商品上都贴着价签。每件商品所贴的价签，都是店员用手动标签机等手工粘贴。我们经常能看到店员"咔嚓""咔嚓"娴熟地粘贴价签的场景。超市等为了在短时间内完成这项工作，甚至还会采用人海战术，需要耗费大量人力成本。而百元商店则不需要在 100 日元商品上粘贴价签。因为消费者已经知晓这一原则，除了标明"200 日元商品"或"300 日元商品"之外，所有商品价格都是 100 日元。此外，百元商店也不需要花费精力将商品陈设得更加美观，基本上即便自由摆放也没有很大影响。

百元商店的业务，正式员工以及兼职工、临时工都同样可以承担。这一点与连锁便利店相同，二者基本都是将业务工作交给兼职工、临时工来处理。以大创公司为例，其在日本国内拥有 3620 家门店（其中直营店 2820 家、代理店 800 家），但正式员工只有 476 名，临时从业者则高达 22821 名（截至 2021 年 2 月末），约为正式员工的 48 倍（正式员工比例为 2%），平均约每 8 家门店拥有 1 名正式员工。业界中位居次席的塞莉亚公司同样如此，1876 家门店（其中直营店 1833 家、加盟店 43 家）（截至 2022 年 3 月末）共有正式员工 475 名，兼职从业者为 23193 人（截至 2021 年 3 月末），兼职员工是正式员工的 50 倍（正式员工比例为 2%），平均每 4 家门店有 1 名正式员工。

CanDo 公司的正式员工数为 605 名，临时从业者为 3555

名（合并统计，截至 2020 年 11 月末），约为正式员工的 5.9 倍（正式员工比例为 14.5%）。WATTS 公司则拥有正式员工 75 名、临时从业者 3071 名，临时从业者是正式员工的 41 倍（正式员工比例为 2.4%）。

在此顺便提一下，7－11 便利连锁店正式员工数为 8900 名，兼职员工数为 2753 名，正式员工比例高达 76%（截至 2021 年 2 月末）。与百元商店相比，7－11 便利连锁店的正式员工占压倒性的多数。

如果能够通过削减正式员工数量降低人力成本，就可以相应地控制商品的价格。由非正式员工所支撑着的业态——百元商店，通过这种方式，虽然采取商品单价 100 日元的经营策略，也依然可以获得利润。此外，大创公司、塞莉亚公司还结合各家门店情况积极引进了"自助结算系统"。随着运用 AI 技术的无人商店日益普及，百元商店的人力成本将进一步下降。

消费者来到百元商店，主要是出于"购买 100 日元均一价格商品"这一简单的理由，因此更加容易实现顾客信息的数据化。运用人工智能技术，能够对门店所有数据进行可视化分析，更好地把握店铺的经营状况，从而在短时间内实施富有成效的改善策略。

具体来说能够实现以下目标：一是通过将消费者的消费行

为数据化，可对商品进行精准灵活的调整进而提升销售额；二是可实现植根于地区社会的门店营建；三是发展人工智能无人商店。因此，百元商店还是最有可能将最先进经营模式付诸实践的业态模式。

（四）"无广告宣传"的宣传体制

在配送的报纸中，常常夹着各种各样的折页广告。其中超市的特卖广告最为醒目，消费者一边阅读比较着各种广告，一边作出了"今天就去这家超市购物吧"的决定。当然，报纸中的插页广告也需要花费一定成本，这些成本最终都会被转嫁到超市的商品价格中。相反，百元商店大多数商品价格规定为100日元，因此没有必要投放插页广告等来宣传告知商品优惠价格。消费者亲自前往门店寻找发现创意商品和便利商品的乐趣，反而会被插页广告所剥夺。不需进行宣传推广而节省下来的成本支出，就可以用于控制商品价格。

百元商店不需要广告宣传还有另外一个理由，那就是媒体的曝光度高。我们浏览各家公司网站可以看到，这些企业几乎连日受到电视台、报纸、杂志、网络媒体等的新闻报道。例如，塞莉亚公司仅在2021年8月就被电视台、杂志等宣传报道了22次，以平均每3天两次的频率不断出现于媒体。

媒体宣传报道的主要是"竟有如此有趣的商品在销售"之类的内容。这些媒体关注百元商店的创意商品、趣味商品，经常将"你知道这个产品到底是用作什么的吗？"等作为竞猜问答题，也会把演艺人员如何"用百元商品进行房间和厨房大变身"以及"百元商品使用方法大公开"等制作成电视节目。这些对于介绍百元商品在物品收纳、物品整理等方面的用途，具有非常好的宣传效果。也就是说，马克思主义经济学指出的"使用价值"家喻户晓。当看到电视节目时，消费者不由自主地会想到"这个商品还有这种用途呀""我的房间也可以如此大变身！"等。

可以说，百元商店就是商品越是丰富充实、媒体越会积极跟进宣传报道的一种业态。这种方式比报纸插页广告的效果更佳。

当然，各家百元连锁企业的广告宣传费用也并非完全为零。Watts公司利用电子商务网站发布"Watts的特选商品"等信息，商品约有1000个品类。此外，作为自媒体（是指企业运用本公司自主拥有的媒体，以及广告刊物、宣传册、简介、本公司在互联网开通的网站和博客等），Watts公司开通了能够向消费者传递信息的网站主页，以每月20条新闻的频率定期在网站上投稿宣传。新的创意商品、趣味商品等不断被研发出来，商品信息发布不可或缺。如果在网站上进行宣传介绍，还会吸引媒体主动申请前来取材报道，如此即可形成良性循环。

（五）生产流通的直连体系

百元商店不是通过批发商，而是直接从制造商的工厂获得产品。按照一般的流通体系来看，这是跳过批发商和中间商的"直连"模式，在经营学中称作"吸管效应"，这种模式不需要支付批发公司的中间差价，可有效削减流通成本。由于是大批量采购，每次运输量也比较大，还会削减运输成本。从海外进口的商品一旦被运输到仓库后，就会迅速与国产商品混装在一起配送至各个门店。百元连锁企业通过这种高效的物流体系进一步压缩了运输成本。

在日本传统流通体系下，商品通常并不是仅仅通过一次批发，而往往需要经过二次批发、三次批发、四次批发等多层级批发中介，才会运抵门店上架销售。因此，中间商差价层层递增，当商品到达消费者手中时，中间商差价部分甚至会高于生产价格。

大创公司在国内外建有 25 家物流基地，仓库总面积 25 万坪①，相当于 16 个东京巨蛋棒球场的面积。进口集装箱数

---

① 坪是日本传统计量系统尺贯法的面积单位，主要用于计算房屋、建筑用地的面积，1 坪等于 3.31 平方米。——译者注

量年均约 10 万个（截至 2020 年 2 月末），其商品运输的特点
是将 10 种左右同类商品包装在一起运输。

　　一般的零售业，运送至物流中心的商品通常是以 1 个单位
摘果式分拣①被拣取出来，然后再与其他商品混载在一起进行
配送。这种方式具有在库管理精度高等优势，但缺陷和不足就
是成本较高。

　　相反，百元连锁业界则取消了中间的物流中心环节，在制
造商配送商品阶段采取面向各门店进行分装打包的方式。其模
式就是，百元商店不自建仓库，而是将仓储工作委托给制造
商，形成了"在库管理"所需成本由百元商店和制造商共同
分担的机制。这种机制，虽然抛开了中间批发商，但仍可维持
高水平在库管理精度，实现商品低成本配送。

　　百元商店通过取消中间批发商、控制广告宣传费等方式节
省了不必要的开支，形成了极致的资本主义式经营体系（生
产·流通革命＝终极的企业瘦身）。我们认为，百元连锁企业
是一种充分发挥全球化特点的商业模式，它比大企业、IT 企
业更能发挥资本主义的优势。从马克思主义经济学的视角来
看，百元连锁商业模式可以说是资本主义所能实现的极致利

---

　　① 摘果式分拣，即根据订单以及要求，以最小出货单位将该商品从仓储中
运送出来。——译者注

润追求体系。

（六）满足消费者新鲜感的新商品开发体系

根据百元商店消费者行为状况调查可以看出，百元商店的客户中反复光顾的"回头客"较多。百元商店为了不使消费者产生厌腻感，不仅商品价格低廉亲民，而且持续研发投放大量新商品。

百元商店能够研发大量新商品，更多的是依靠生产制造百元商品的厂商的力量。我们再看看生产塑料容器等百元商品的中野化学产业公司的事例。该公司前身是 1977 年由创业者中谷政义先生在东大阪市末广町创建的个人企业，业务内容主要是以塑料制品为主的生活用品的策划、制造和销售。关于商品策划，该企业并没有设立商品企划室等专门机构，而是创建了由企业员工提出创意的机制模式。根据这种创意提案制度，无论提案被采纳与否，企业都会对每项提案给予 1000 日元奖励。也就是说，所有的企业员工都成为了产品设计师。这种集聚全公司之力的商品企划，成为培育出可消除消费者厌腻感的创意商品的重要举措。

资料显示，中野化学产业公司 2020 年度共有 52 项商品开发的提案，平均每周产生 1 项提案，此外还有 400 余项关于业务改善的提案。所有这些提案、建议都按照每项 1000 日元给予奖励。

我们再看其他公司的事例。

环保金属有限公司①的新产品研发（包括颜色差异化等），2022 年 1 月有 5 项产品、2 月有 11 项产品、4 月有 6 项产品、5 月有 12 项产品面世。绿色装饰品公司在 2022 年 5 月和 6 月分别企划销售了 8 种和 10 种新产品。元林株式会社每年企划开发 1000 件产品，其中数百件产品投放市场终端销售。藤崎株式会社与四大百元连锁企业建立了合作关系。

最引人瞩目的是总部位于和歌山县的冈崎株式会社②，该企业采取了这样一种机制，即围绕新产品的企划研发，广泛地面向普通消费者征集商品创意，产品创意一旦中选并被转化为商品上市销售，企业则会向创意者发放奖金。总而言之，该企业就是将全部日本国民视为产品策划者，集中群体的智慧并加以有效利用。

通过这些事例我们可以看到，这些向百元商店批发供给产

---

① 环保金属有限公司创立于 1976 年 5 月，主要生产建筑五金、汽车零件、电车相关零件、医疗器械相关零件、半导体相关零件、排气管罩等各种零件，承接激光加工、冲压加工、钣金焊接加工等各种金属加工。——译者注

② 冈崎株式会社创建于 1988 年 8 月，主要从事日用品杂货的设计、生产与销售。——译者注

品的企业都是最具创意性和创新性的公司。人们通常认为，中小企业的存在才是日本经济的竞争优势所在，百元连锁商店经营模式正是在这些中小企业坚持不懈的努力下才得以确立形成的。也可以说，日本中小企业为"百元商店模式"经济奠定了基础。

（七）寻求狄德罗效应的外观设计

狄德罗效应（Diderot effect）又称作"配套效应"，是指当"具有理想价值的新产品"进入人们自身的生活环境后，人们会产生继续购齐与产品形象相配套物品的心理效应。这是因为，促使人们自身行动保持一贯性的"一致性原则"从中发挥着重要作用。例如，当消费者购买了运动鞋后，想象着自己奔跑运动的场景时，就会希望配置齐全与其配套的运动外套和帽子等。

企业往往还会运用消费思维导图[①]来诱发消费者的购买行为。思维导图是指创建中心主题，然后用线条将由主题所联想

---

① "mind map"是 20 世纪 60 年代由托尼·博赞（Tony Buzan）所发明的思维工具。通常翻译为"思维导图"，也有人称之为"心智图"，反映大脑本身工作原理或机制，大脑的思考工作情景呈现一种放射性的、发散的、相互链接的模式。思维导图可以用图文结合的形式，以主题作为中心词汇，然后画出多条放射曲线，在每条曲线的末端可以延伸出更多的方向，即关于中心主题的认知。

起的各类创意与信息进行连接，形成分叉式的放射状展开架构的思维方式。简而言之，就如同联想游戏，由某一物品引发各种联想而诱发购买行为。

实际上，消费者去百元商店购物，就会发现其在商品陈列展示中充分运用了狄德罗效应和思维导图原理。例如，在咖啡用品区域，咖啡滤纸的旁边通常会摆放着咖啡滴滤杯，滴滤杯旁则会摆放着纸杯，纸杯侧面会摆放着用于放置纸杯的嵌入式杯托。此外，商家还会在这些产品附近并排摆放可容纳多个咖啡杯、便于携带行走的饮品打包手提袋。如此设计，即可促进消费者购买品尝咖啡时所需的全套物品。

在厨房消耗品销售区，吸油纸巾的旁边摆放着废油处理纸抽，也会摆放着油污洁净擦布。在其下方的货架上，则摆设着餐饮用天妇罗吸油垫纸等。这种布局，会让消费者从油炸料理联想到天妇罗，进而想到需要天妇罗吸油垫纸。此外，商家通常还会将去除料理残留废油的吸油擦拭布、废油凝固剂等产品摆放在附近。

令人惊讶的是，在这些商品周边还摆放有汤锅料理产品，如撇除浮沫器、防溢硅胶锅盖等。这是为了让消费者购买完清除油锅中残余剩油等用品之后，还能联想起料理烹饪锅具，进而联想到汤锅料理所需的产品（如撇沫器等），最终促使消费者付诸购买行动。

在厨房洁净绵商品区的右侧，消费者通常认为会陈列着厨房水槽出水口垃圾过滤器等。然而实际中，百元商店在其侧面摆设的多是清理浴缸污垢的清洗刷以及水垢专用海绵洁净擦等商品。在厨房洁净绵商品区的左侧，则陈列着洁净纸巾架、防散落收纳盒，以及卫生间洗净剂、卫生间清洁布、芳香剂等厕卫用品。当消费者想象着在自家使用海绵百洁布打扫卫生的场景时，就会萌发出购买厨房、浴室以及卫生间相关产品的欲望。因为商品定价仅为100日元，所以消费者往往会在不经意间采买了相关商品。

我们将目光转向笔记本专区，就会看到最近处摆放着颜色各异的便利贴以及便笺纸。消费者在笔记本上记录书写时，为了便于更加清晰地整理文字内容，往往需要使用便利贴。此外，为了使重要内容更加一目了然，消费者还会考虑使用便笺纸。如此，消费者不仅会购买原本纳入采购计划的商品，还会出手购买其他相关商品，这就是"非计划购买＝关联购买"，即购买未纳入采购计划的商品。此外，在单件商品100日元的低廉价格的加持下，消费者往往会大量采购。百元商店就是通过有效运用狄德罗效应以及思维导图有计划地配置商品，进而促使消费者大量采购。

从消费者角度看，自己所购买的"关联购买商品"可以使家务、炊事、洗涤、料理、学习等环境变得更加舒适，因此消费者可以怀着这些梦想和期待心满意足地回到家中。就如同从迪士尼乐园返回那样，人们始终沉浸在幸福的氛围之中。这就是笔者将百元商店称作"零售业的迪士尼乐园"的缘由之一。也可以这样说，百元商店通过 100 日元均一价格的商品，向消费者销售着梦想！

行为经济学通过分析人们的心理来揭示人们的非理性行为。冲动性购买那些不知能否真正使用到的关联商品，就是非理性行为之一。在百元商店模式中，我们可以看到其吸纳了最新经济理论的经营战略。这就是百元商店模式的价值！尽管它只是销售 100 日元的低价商品！

十、各家百元连锁企业的商业模式

此前我们分析了各家百元连锁企业共通的基础商业模式。但是，深入分析每家连锁企业就可以发现，百元连锁业态也存在着多样的商业模式。下面我们围绕百元连锁业四强企业重新审视梳理其经营特征。

（一）大创公司：全球化、多元化的经营战略

大创公司创建于 1973 年，前身是以销售家庭用品为主要业务的矢野商店。其后于 1987 年成立了"100 日元商店大创"，1991 年开始正式拓展连锁事业版图。2001 年进军中国台湾以及韩国，这是其首次拓展海外事业。

如前言中所述，大创公司 2022 年 4 月在东京银座同时创设百元商店"大创"、300 日元商店"标准产品"以及"丝丽裨"等三大品牌全球旗舰店。世界高端品牌鳞次栉比的银座地区，迎来了百元连锁旗舰店比肩共存的时代。

泡沫经济破灭后，大创公司不断扩展百元连锁事业，包括在海外 26 个国家和地区开设的 2296 家门店，目前已经形成了拥有 5890 家连锁店的企业集团。大创的扩张速度令人惊讶！大创公司在日本平均每年新建 150 余家门店，凭借着其他竞争对手无法追随的发展态势，大创已经成为百元连锁业界的"格列佛"！

大创公司拥有正式员工 585 人、兼职临时工作人员 24020人，年均销售额超过 5200 亿日元。经销的商品种类多达76000 种，每月有 800 多种新产品开发问世，其中大创公司自主开发的杂货品种占比接近90%。

　　门店多样化也是大创公司的重要特点之一。大创公司拥有100坪以下门店（约10000种商品）、101～300坪门店（约25000种商品）、301～500坪门店（约35000种商品）、501～800坪门店（约50000种商品）等小规模商铺以及大型商店等多种类型的门店。门店开设的场所也包括商业街、路边店、大型综合购物中心、量贩店、车站内商店、机场、邻里购物中心（NSC）[①]等，开店的形式样态多种多样。

　　大创公司能够积极地拓展门店，还仰仗于遍布于世界各地的物流基地。目前大创公司拥有25家物流基地，主要分布于日本、中国、越南、泰国、马来西亚、韩国、新加坡、澳大利亚、美国、巴西等地，仓储总面积75万平方米，相当于16个东京巨蛋棒球场，大创公司每年从海外进口的集装箱数量高达10万个。

　　大创公司目前将主要力量倾注在非100日元价格区间的业态发展。300日元均一价格商店"丝丽裈"，主要经营以女性和家庭为目标客户群的各种生活杂货，品种齐全、价格实惠，目前已在全国开设了251家门店。以通信产品和休闲产品为主

---

　　① 邻里购物中心（neighborhood shopping center，NSC），是指以食品超市为核心，拥有包括药妆商店、家居用品中心等商铺在内的，以邻近住宅区为客户目标的购物中心。

题的"PLUS HEART"共有 21 家门店（截至 2021 年 4 月）。生活用品杂货店"CouCou"则是主打获取女性青睐的各种杂货商品，目前共有 29 家店铺。以"没有最好，只有更好!"为创作理念，大创公司 2021 年 3 月在涩谷 Markcity 一层开设"标准产品"。这些品牌的核心业务都是经营均价 300 日元商品。

截至 2021 年 2 月末，按照地域对海外门店进行划分排序，大创公司在亚洲地区共拥有 1980 家店铺，占总量的 87%；其次是中南美洲 85 家、北美地区 81 家、中东地区 77 家，其中 60% 的海外门店集中于韩国。

（二）塞莉亚公司：契合数字化转型时代的经营战略

位居百元连锁行业次席的塞莉亚公司，是河合宏光先生于 1985 年所创建的，最初是通过在超级市场促销活动区流动销售洗衣晾晒夹等杂货起家。河合宏光作为一家洗衣店的继承人，由于背负巨额债务而决定背水一战进行创业。塞莉亚公司在 1990 年建成了物流中心，1997 年又在新潟县十日町市开设了"shop·one·O·O"（shop100）。2003 年企业商号变更为株式会社塞莉亚，在岐阜县大垣市开设了"Seria 无印良品"，2004 年 12 月成功实现在美国纳斯达克上市。

　　2004 年，塞莉亚公司在所有直营门店引进实时 POS 系统，通过该系统大大提高了市场营销和在库管理精度，甚至能够准确统计分析消费者动向、气候与销售额之间的关系等。通过实施高度的大数据分析，经营高效率已经成为塞莉亚的竞争优势。通常而言，在零售行业如果能够实现 10% 以上的极高营业利润率，就可以将其视为在数字转型（digital transformation，DX）社会①脱颖而出的标杆企业。

　　塞莉亚公司的业务领域包括门店开发、商品开发、管理系统、门店经营、流通体系等五大事业领域。

　　门店开发事业的理念是"尽享心情愉悦的购物环境，打造明亮整洁的舒适空间""创造消费者每日尽享不同乐趣的门店"等。商品展架的布局，采取便于家庭成员和朋友间谈话交流的高度与宽度，呈现出商品种类丰富、色彩缤纷以及有趣可爱等特点。此外，以赢得广大客户喜爱为目标，塞莉亚公司还通过使用天然材质的店内装潢、打造与周边景观相协调的外

---

　　① 数字转型是 2004 年瑞典乌玫奥大学艾瑞克·苏托尔塔曼教授提出的一个概念，英文为 digital transformation。英语中习惯将接头词 Trans 缩写为 X，因此"数字转型"简称为 DX。DX 意指 IT 的渗透会将人们生活的各个方面朝着好的方面改进。日本经济产业省在 2018 年 12 月推出一份叫作《DX 推进指南》的文件，对 DX 做了如下定义："所谓 DX，就是企业为应对事业环境的急剧变化，应灵活应用数据与数字技术，基于顾客与社会的需求，对产品、服务以及业务模式进行改革，同时对业务本身以及企业组织、业务流程、企业文化做相应的变革，从而确立竞争上的优势。"

观等方式大力推进门店建设。

在商品开发方面，塞莉亚公司通过 POS 数据精准把握顾客需求，以详细的分析数据为基础与生产商共同推进产品研发（见图1-1）。一方面，能够面对明确的目标客户及时进行新产品研发；另一方面，对于没有人气的商品，迅速废除产品编号并下架淘汰。塞莉亚公司所有商品都配有产品编码，废号下架的产品将不再进行二次生产销售。通过严格实施这种"废号制"，实现严格精选、品类齐全。塞莉亚公司还非常关注各种季节性节庆活动、周年纪念日、重要纪念时点等，并进行相应的商品研发配置。此外，塞莉亚公司还成立了质量监督管理部门，对商品的品质、性能以及外观设计等实施管理。

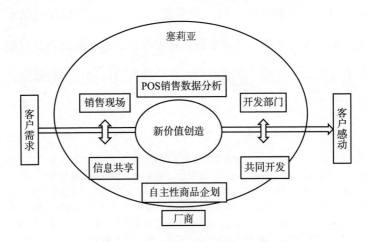

图1-1 塞莉亚公司的商品开发理念
资料来源：根据塞莉亚网站内容制作。

管理系统和门店经营，则是为了推动所有塞莉亚门店实现即便是初次从业者也能够提供高质量服务的目标，不断完善门店运营支持体系。在订货业务以及人员配置等需要高水平管理能力的业务领域，通过与总公司系统的协同实现简洁化、高效化，形成对门店经营关键核心的待人接客、商品陈设等集中投入人力资源的体制。

此外，塞莉亚公司还引进实施了支撑门店业务的三大系统。

一是实时 POS 系统。将运用互联网技术的实时 POS 系统在所有门店推广实施。这是塞莉亚公司率先在业界引进并实施的独有系统。

二是人力调度系统。在员工的时间管理方面采用了手掌静脉认证技术。所有信息由总公司系统实施一元化管理，对各门店的员工优化配置、调度管理等进行自动化统筹，实现了店长业务的高效化。

三是订货辅助系统。所有门店都配置了订货系统终端"TOUCH ONE"，该订货系统附有商品图片。门店员工根据订货辅助系统所传输的商品信息，可以实现随时快捷的最优订货。

最后是塞莉亚公司独有的流通体系（见图 1 - 2）。塞莉亚公司倡导的经营方针是向顾客提供"超过 100 日元的价值"。
因此,塞莉亚公司引进了实时 POS 系统,在总公司以及各家
店铺,根据个别商品在不同门店的销售状况,通过实时把握公
司整体的销售数量等数据,准确捕捉商品的热销时机,减少因
过剩订货所导致的浪费。如此,塞莉亚公司构建了可时常维持
最优商品构成的流通体制。

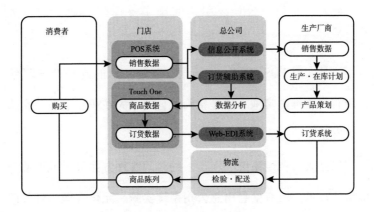

图 1 – 2 塞莉亚的流通体系
资料来源:根据塞莉亚网站内容制作。

塞莉亚公司的流通体系主要依赖三大信息系统的支撑。

一是订货辅助系统。根据各门店向总公司实时传送的信息
数据,通过独有的分析可以计算出每种商品的"消费者支持
率"。这个支持率反映了该地区以及该门店的特点,最终使得
每家门店都可以采取最优的订货数量决策。

二是信息公开系统。即每家门店每件商品的销售数据通过网络传输给合作生产厂商的机制。各生产厂商根据实时销售数据，实施精准化的生产管理和库存管理，最终实现生产成本削减。这套信息公开系统能够促使生产厂商自主性地开展新商品研发，进而提供更加富有魅力的商品。

三是电子数据交换的 Web-EDI（Electronic Data Interchange）[①]。面向各生产厂商的订购业务，可以通过"塞莉亚 Web-EDI"系统准确、便捷地施行，实现商品周转率大幅提升，降低残次品上市销售所带来的损失。

通过分析塞莉亚公司的经营战略，我们会发现塞莉亚绝不仅仅是一家企划、销售单价 100 日元商品的企业。全面透彻的消费者心理分析、全面完善的经营计划及全面彻底的市场管理，成为塞莉亚公司的显著特征。以塞莉亚为代表的百元商店经营模式，从经济学视角来看，可以毫不夸张地说，它已实现了最先进的经营战略。

目前，日本百元连锁企业的单家门店平均销售额（包括海外门店）排名首位的塞莉亚公司为 1.12 亿日元，位居次席的大创公司为 8900 万日元，排在第三位的 CanDo 公司为 6100

[①] Web-EDI 是指企业间的订货发货等交易业务通过网络开展、提升企业业务高效化的系统。

万日元，排在第四位的 Watts 公司为 3700 万日元，塞莉亚公司店均销售额最高。由此我们也可以看出，塞莉亚公司是如何贯彻实施高效的、富有效果的经营战略的。

（三）CanDo 公司：灵活运用互联网提升销售额

CanDo 公司于 1993 年创立于埼玉县户田市，2000 年本部业务迁转到东京都板桥区后，又于 2012 年在东京都新宿区成立了公司总部。该公司拥有正式员工 600 名、兼职员工 598 名，门店数量达 1233 家（数据来自 CanDo 公司网站，截至 2022 年 8 月末）。

CanDo 公司的主要特点是运用 Instagram① 软件、脸书、LINE 等社交软件（SNS）② 实施广告战略。CanDo 公司并未采用报纸插页广告等方式，而是通过社交软件详细地推送商品信息，成为深受女性顾客青睐的商店。根据商品以及门店的氛围，我们可称之为"百元商店"。

CanDo 公司门店数量尽管不到大创公司的 1/5，但却取得了 730 亿日元销售额，成功的秘诀就在于网络销售。通过网络

---

① 简称 IG、insta、ins，是 Facebook 公司旗下一款免费提供在线图片及视频分享的社交应用软件。——译者注

② SNS，英文全称为 social networking services，专指社交网络服务，包括社交软件和社交网站。——译者注

在大创购买商品时，每类商品需要购买 500 件以上。与此相对应的是，CanDo 公司则有可按照数十件单位小批量订购的产品，便于在学校以及地区的节庆活动等场合使用。发挥网络销售优势面向日本全国进行销售，成为 CanDo 公司的重要竞争优势，从 CanDo 公司的网站上可以看到，正如很多专业网店那样，该公司的网上产品目录非常充实。

此外，与知名博主以及创作者的合作商品、与人气卡通形象的合作商品等都汇聚了大量人气，这也成为 CanDo 公司的鲜明特色。CanDo 没有模仿大创公司和塞莉亚公司，而是另辟蹊径创建了独特的经营战略。

（四）Watts 公司：聚焦低成本化的经营战略

Watts 公司于 1999 年成立于大阪市中央区，开始拓展销售日用品、杂货等百元商店事业。企业名称源自"哇～～让我们一起发现有趣的事物吧！"这一创意。创业者原本打算借用"哇～～"这个象声词将企业命名为"Watt"，但在电话通知司法代书人时，对方错听为"Watts"并将其登记成企业名称。目前，企业常常就此解释为"哇～哇～让我们一起发现更多有趣的事物吧"，采用复数形式来表达，Watt 就成了 Watts。这种日本关西地区风格的企业命名方式确实颇具特色。

该公司的经营方针为："以 100 日元均一价格的生活杂货实现满意度 NO.1。以 100 日元价格持续提供超过 100 日元的价值！"

Watts 公司的经营战略主要包括门店经营的标准化、人才培养、贯彻少量配送的低成本运营、既有型门店的开设、海外开设分店、新事业开发、通过并购（M&A）扩大事业规模等。Watts 公司通过夯实坚实的收益基础，以及可向顾客提供"更多满足感"的商品力，实现了企业可持续发展（见图 1-3）。

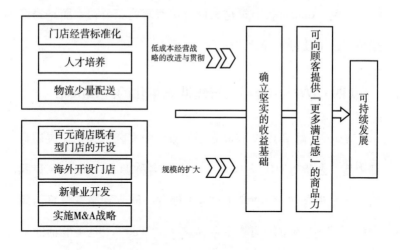

图 1-3　Watts 的低成本体系
资料来源：根据 Watts 网站制作。

如果提供"优质商品"（具有 100 日元以上价值的商品、具有购买获得感的商品），势必造成成本升高、利润空间缩小。但为了持续获得顾客的青睐和支持，"优质商品"又是必须的。为了化解这一两难境地，Watts 公司提出"形成以低价格销售高品质产品的机制"这一经营战略，即"低成本开闭店"和"低成本运营"两大低成本战略（见图 1 - 4）。

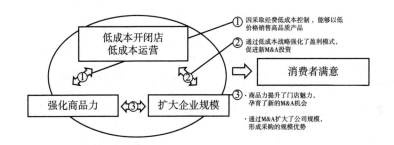

图 1 - 4　Watts 的成长战略

资料来源：根据 Watts 网站制作。

低成本开闭店战略又包括如下三个战略：一是尽量不持有资产或将资产保持在最小限度内的轻资产战略；二是将经费控制在最小限度内的战略；三是极力减轻租赁合同的解除条件限制（减少撤店时的押金摊销、缩短撤店时提前通知时限等）。

低成本运营战略则主要包括：门店经营的简单便利化（可以凭借兼职临时员工实现运转），店铺经营的标准化（提升现场员工的门店业务指导效率以及增加负责指导的门店数量）。通过有效发挥这些机制效能而取得低成本优势，进而实现商品力的强化以及企业规模的扩大（企业并购以及批量采购的规模优势等）。作为一家百元连锁企业，像 Watts 公司这种热衷于并购的企业是非常少见的。

Watts 公司决算报告书显示，该企业为了实现低成本（确保营业利润）积极地削减固定费用开支。例如，2021 年 8 月第二季度决算与全年计划进展状况显示，作为企业营业利润增长的重要因素，房租下降、人力成本削减、设备费削减、水电气费削减、差旅交通费削减等固定经费的削减为营业利润增长作出了贡献。此外，在开闭店计划数量与门店数量实绩方面，Watts 公司计划开店 144 家、实际开设门店 166 家，计划闭店 89 家、实际关闭门店 41 家。不仅开闭店都纳入计划中，甚至连闭店率也被公布出来。企业通过迅速关闭收益率低的门店实现了利润增长。换言之，关闭门店并不是处理负债，迅速撤闭门店恰恰正是企业获取高收益的秘诀。

Watts 公司还有一个特点，那就是在百元商店业务领域，自主经营着"Watts""Watts With""Meets""Silk""FLET'S""百圆领事馆"六大品牌。此外，Watts 连锁集团内部的其他子公司还运营着提供舒适生活方案的"Buona Vita"、以时间为主题的家用杂货店"Tokinone"（时之种）。此外，还包括经营各类日用品的折扣店"Real"，以及与大黑天物产公司联合开展的"Value100"、百元商店批发企业"Nippan"。在海外地区，该企业以东南亚为中心创立了"小物屋"、在中国创设了"小物家园"等价格均一连锁品牌。

Watts 公司没有像大创公司那样按照价格区间和经营理念来区分品牌，而是采取了在百元连锁店事业中创建不同门店品牌的特殊方式。其主要原因是，希望通过与地区特色相适应的店铺设计以及丰富齐全的商品配置，更加贴近区域内居民生活的需求。这也体现了大阪商人独具风格的经营理念。尽管只位居业界第四名，但 Watts 公司给人留下了"多元化经营最为领先"的深刻印象。

至此，我们分析了四大百元连锁企业的经营模式。它们的商品价格虽然同为 100 日元，但是经营模式却多种多样，即"价格均一化、经营多样化"。

此外值得我们注意的是，正如大创公司在广岛、塞莉亚公司在新潟、CanDo 公司在埼玉、Watts 公司在大阪创办事业等事例所示，这些连锁企业的创业地并非在首都东京，而是在地方。由地方孕育的崭新商业模式，正在创造着日本的崭新生活方式。

各家百元连锁企业的"个性"，与生活在百元商店模式中的日本国民的生活方式相契合。这是因为，在百元商店模式下生活的人们，不仅顺应着自身的感性需求，同时还在创造、践行着新的价值观。在增长至上主义背景下大量购买、大量消费被大批量生产出来的相同商品，只能孕育出整齐划一的价值观。而在百元连锁商店模式下，则存在着有多少消费者就会有多少种价值观，由多样价值观所实现的空间、社会同样也具有丰富多样的个性。

企划、销售单价 100 日元商品的百元连锁商业模式，一言以蔽之，就是彻底的"计划式经济与经营"。能最大限度满足消费者需求的开发能力与技术能力、生产基地的最优化、瘦身化的流通渠道、节省人力成本的运营方式等，都有机地组合在一起，发挥着"计划式经济体制的经营力"。

百元商店经营模式，既构建了企业追求利润最大化的体制，同时也奠定了将人们从固有观念束缚中解放出来的基础。此外，它还预示了日本经济发展模式的边界。迄今，经济增长至上主义已达极限，人们的欲望（物欲）已经得到极大满足，它正在不断衰退并转向"缺失 D 的社会"，即低欲望社会。"缺失 D 的社会"是指没有梦想（dream）、没有需求（desire）、没有欲望（demand）的社会。当今年轻人对于物欲以及未来既不抱希望也没有梦想等现状，或者即便认为日本时政腐败但仍未作出其他选择而持续予以支持等状况，都揭示出当今社会已经缺失了 D。

从日本经济整体来看，日本正处于经济不再增长而是陷入长期停滞、社会陷入衰退的状态。这恰恰是"资本主义为自己培养了掘墓人"的真实写照。

第二章

引发"生活革命"的
新冠疫情

 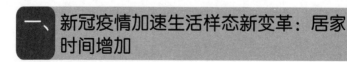

新冠疫情加速生活样态新变革：居家
时间增加

　　软银集团 SB Power 公司于 2020 年 5 月在日本全国范围内以 500 名与家人共同生活者为调查对象，实施了针对居家活动的《居家时间问卷调查》，旨在针对新冠疫情感染范围扩大、日本政府要求居民外出自律时期的平均外出时间进行调查。调查显示，大约近半数（47.0%）的调查对象回答"不足一小时"，居家时间的增加非常明显。

此外，株式会社 GV 运营的货币类信息网站"money-book"①在 2021 年 4 月对全国 20 ~ 60 岁的 300 名男性和女性，针对日本政府要求外出自律时期的居家生活方式实施了问卷调查。"与 2020 年居家时间相同"的回答者最多，占比 48.3%；有 39.7% 的受访者认为"较 2020 年居家时间增加"；有 12.0% 的受访者认为"较 2020 年居家时间减少"。截至 2022 年春季前后，日本多次实施紧急事态宣言以及防控疫情蔓延等重点措施，确实令日本国民的居家时间增加。而在增加的居家时间里，人们形成了新的行为方式——DIY。

日本趋势研究所 2021 年 1 月实施的《关于 DIY 情况问卷调查》显示，"新冠疫情暴发后才开始 DIY"的回答者为 3.4%。通过调查我们看到，开始从事木工组装加工活动的人数虽然占比非常低，但确实出现了增加（见图 2 - 1）。

对于 DIY 主要做什么这一问题，回答"椅子"的占 21.3%，"架子"为 14.9%，"书架"为 12.8%。此外还有一些群体花费时间精力进行桌子制作（6.4%）、更换地板（4.3%）等 DIY 活动（见图 2 - 2）。

---

① https：//www. money - book. jp/category/research.

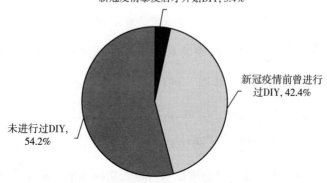

图 2-1　日本趋势研究所调查数据（Ⅰ）
资料来源：根据日本趋势研究所调查制作。

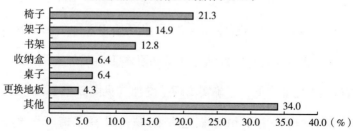

图 2-2　日本趋势研究所调查数据（Ⅱ）
资料来源：根据日本趋势研究所调查制作。

　　这些都可以说是新冠疫情所带来的崭新生活方式。由于
DIY 的乐趣被广泛认知，即使在新冠疫情结束后，DIY 也必将成
为一部分人群生活方式的组成部分。其中一个根本原因就在于，
人们薪资收入没有增长、自由时间增多的状况仍然没有改变。

家居购物中心（Homecenter）2021 年 2 月决算期的业绩速报显示，DCM 控股公司、港南商事、阿伦扎控股、京叶、Sunday、顺天堂、关绩、关中等 8 家企业，合计营业利润较上年度增长 73.5%，营业利润率增长 6.1%。由此可以看出，随着人们居家时间的增加，DIY 的人群逐渐增多。

顺便在此介绍一下，日本最早开创 DIY 形态的家居购物中心，是 1972 年在埼玉县与野市（现埼玉市中央区）开设的"DOITO 与野店"（现港南商事 PRO DOITO 与野店）。1977 年为了推进 DIY 普及以及 DIY 产业的健康发展，业界团体日本 DIY 协会正式成立。

二、支撑 DIY 的百元均一价格商品

有很多电视节目展现了利用百元店商品装饰房间。看到艺人们装修房屋，或者即使没有达到装修程度但是通过灵巧的创意将房屋环境装饰一新等节目，人们会不由得地产生"我也要试试看"的想法。其中，百元商店的创意商品在房屋装修装饰中发挥了重要作用。在装修房屋、优化房间环境时，人们内心就会唤醒"居然还有卖这种商品的？这种商品还有如此用途"等念头。

新冠疫情不仅增加了人们的居家时间，还限制了聚会以及娱乐等"三密型"集体活动。在此背景下，单人露营开始受到关注。有鉴于此，百元商店增加了露营用品的品类，通过百元均一价格有力支撑了单人露营热潮。从四大百元连锁集团的露营产品看，可以说它们为消费者无微不至地配备齐全了各种创意商品以及便利商品。其中，大创公司旗下部分门店的露营商品数量甚至超过了100种（见表2-1）。

表2-1　　　　　　　　　　百元商店的主要露营商品

大创	塞莉亚	CanDo	Watts
迷你铁板	电子点火器	钩夹	PB纸杯
绳索	塑料露营杯	露营杯用皮革柄套	PB纸碗
铝箔保温隔热垫	炊具夹	一次性塑料餐叉	冷藏剂
铁板花纹薄纸	不锈钢吹火管	防割手套（单只）	烧烤网
不锈钢餐具	小型篝火台	绿色绳索	铝箔手提袋

资料来源：根据塞莉亚、CanDo、Watts公司网站制作。大创数据根据LIMIA"2022年最新版大创的露营用品推荐20种精选"制作。

当然，这些露营产品与户外用品专营店销售的商品并不相同。在户外用品专营店，配齐全套露营装备需要花费数万日元乃至十几万日元，而在百元商店采购只需要花费几千日元，最高也不会超过几万日元。如此一来，消费者就会产生"我也可以试试看"的念头，从而尝试开展露营活动。

正是因为百元商店的存在，才给了消费者朝着新生事物迈出第一步的勇气。百元均一价格商品改变了我们周边生活环境，并开辟了崭新的世界。如果有更多的人产生更多的新兴趣，就会为相关领域产业注入活力，促进扩大市场规模，进而刺激整体经济发展。可以说，驱动人们开展新经济活动的，并不仅仅是金融政策、财政政策。

DIY 作品以及单人露营的方式千差万别。每一件 DIY 作品、每一种露营方式都展现出不同"个性"，其中不乏令人发出"啊～"惊叹之声的创意。因为人类的创造力是无限的，所以人们实现自我的创意也绝不会整齐划一。因此，百元商店不仅是消费者购买梦想的场所，更是能够实现消费者的梦想、促进经济活跃发展的特殊场所！

三、"料理男"增加

因为新冠疫情，人们的居家时间得以增加。在这一过程中，我们开始听到很多男性为家人制作料理，以及从以外食和中食（购买便当等回家就餐）为中心的用餐方式转向亲自下厨方式等话题。

在 2021 年 8 月的某周，日本各家电视台①总共播放了 101 个美食节目，其中男性下厨做饭的节目非常吸人眼球。其中，代表性的栏目有东京电视台的"男生做饭"、朝日电视台的"我们做家务吧！""相叶教室"等。日本电视台从周一到周五早间播放的"ZIP！"节目中的料理板块"MOCOS 厨房"，至今仍令人记忆犹新。正如这些美食节目所反映的那样，日本下厨做饭的料理男不断增加。

厨房设备制造商林内（RINNAI）2020 年 10 月发布的《关于夫妇共同育儿·家务的意识调查》显示，居家时间增加的男性中，有 60% 增加了育儿与家务参与率；新冠疫情期间，男性育儿时间约为 3 小时（与新冠疫情前相比增加了 1 小时）、家务时间约为 2 小时（同比增加 40 分钟）。

增加的不仅仅是料理时间。食品行业专业媒体"食鉴"（Food Clip）指出，自从新冠疫情暴发后，相较于花费较短时间的菜肴品类，需要耗费较长时间和工夫的菜肴品类也出现了增长。如果人们每日去公司上班，那么他们很难花费更多时间在家做饭，而随着新冠疫情导致居家办公时间增加，希望尝试

---

① 日本主要有六大电视台，分别是日本广播放送协会（NHK），以及私营的日本电视台（NTV）、富士电视台、东京放送（TBS）、朝日电视台和东京电视台。——译者注

炖煮料理等耗时菜肴的人群开始增长。炖煮料理中人气较高的菜品分别是"叉烧""清炖""红烧肉"等。

表2-2列示了家务咨询师、单身生活咨询师兼美食家——河野真希推荐的百元商店料理产品。

表2-2　　　　百元商店的料理产品

大创	塞莉亚
微波炉加热拉面	法式牛奶可可（椭圆形）
食品袋封口夹	手动钳夹
万能料理勺	带柄铝碗
多次使用瓶盖	计量平匙
厨房计时器	灶台洁净卷纸

资料来源：根据 ALL About 网站数据整理。

无论是单身生活的人，还是尚未适应制作料理的人，都可以使用这些产品趣味盎然地做出美味料理。新冠疫情出乎意料地让人们获得了充裕的时间，并催生出让人们挑战新鲜事物、有效利用时间的新创意。

四、似鸟与开市客：疫情影响下股价上涨

2019 年底暴发的新冠疫情瞬间波及整个世界，并引发了生命危机以及经济危机。日本 GDP 增长率在 2020 年滑落至

-4.8%，这一降幅超过了日本战后最大的景气恶化期2008年全球金融危机时期的-3.6%（见图2-3）。

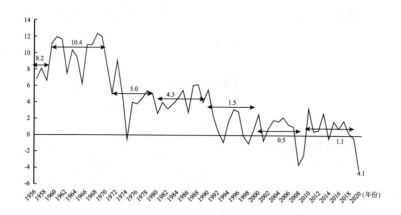

图2-3　1956~2020年日本GDP增长率
资料来源：内阁府。

从结果来看，2020年日本国内需求与上年相比下降了3.6%，公共需求虽然增长了3.5%，但是民间需求增长-6.3%，这都是经济大幅下滑所导致的。通过对日本民间需求进行细致分析，我们可以看到民间住宅需求增长率为-7.2%，民间企业设备需求增长率为-6.9%，民间最终消费支出增长率为-5.8%，各类需求均呈现大幅减少。此外，货物、服务贸易出口增长率也大幅下降，为-10.4%。家计的消费衰退压缩了企业的设备投资，由此导致景气停滞，经济陷入负螺旋增长状态。

2020 年日本经济呈现负增长，主要是受到新冠疫情等外部因素的影响较大。但是，从长期来看，泡沫经济破灭后日本经济一直呈下降态势。特别是进入 21 世纪以来，经济持续低迷，已经无法用景气循环和暂时性等原因加以解释。我们认为，当前的低增长状态已成为日本经济的常态。

在经济低增长时代，应当确立与低增长相适应的经济政策。回忆曾经的经济高速增长期以及泡沫景气期，希望"重新恢复往日的荣光"，但却采取了与现状不相适应的经济政策，自然不会产生根本性效果。

岸田文雄内阁①在 2022 年 5 月发表的"新资本主义"施行计划以及"经济财政运营与改革的基本方针（骨太方针）"原案，也只是从当初的重视分配向重视经济增长的轨道调整。我们也可以这样理解，即其内在逻辑是如果没有 GDP 的增长，那么就不会有可分配的物质基础。岸田文雄内阁的新政策并没有单纯遵循以前的"增长 = 量的增长"理念，而是聚焦符合日本经济社会状况的"增长"究竟是什么，首先专注于对经济增长论的调整修正。

日本股票市场在新冠疫情传播范围开始扩大的 2020 年 1

---

①　2021 年 9 月 29 日，岸田文雄当选日本执政党自民党总裁。2021 年 10 月 4 日，日本众议院指名新任自民党总裁岸田文雄为日本第 100 任首相。——译者注

月 20 日，达到了年内最高值 24083 日元；2021 年 9 月 14 日达
到 30670.10 日元高点，创下 1990 年 8 月以来 31 年间最高的
股价纪录。

似鸟（Nitori）的股票价格在 2012 年仅为 3165 日元
（2012 年 12 月 28 日数据），2020 年刷新历史纪录达到 21620
日元（2020 年 12 月 30 日数据），实现 9 年间增长 6.8 倍（见
图 2－4）。

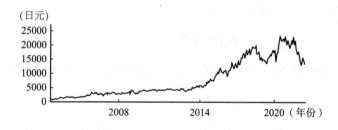

图 2－4　似鸟（Nitori）股价的变化
资料来源：根据雅虎金融数据制作。

特别是 2021 年 2 月的合并会计报表业绩显示，似鸟销售
额为 7169 亿日元，同比增长 11.6%；营业利润为 1376 亿日
元，同比增长 28.1%；纯利润为 921 亿日元，同比增长 29.0%。
连续 34 期实现增收增益。

新冠疫情传播范围扩大导致居家需求增长。尽管面临客流
减少 2.1% 的困境，家具以及家庭装饰商品仍然取得了销售商
品件数增长、客均交易额增长 12.8% 的佳绩。最终，似鸟现

有门店的销售额实现增长 10.4%，此外网络销售的销售额大幅增长 59.2%，达到 750 亿日元。虽然受到新冠疫情的影响，似鸟仍稳步实现了销售增长。

我们在电视节目中熟知的开市客（Costco）也在新冠疫情期间实现了业绩提升。开市客的前身是通过改造位于美国加利福尼亚圣地亚哥的机场仓库而创建的名为"价格俱乐部"（Price Club）的仓储店。1983 年改名为"开市客"的首家仓储店创设于华盛顿州西雅图。开市客控股集团（日本）的总部位于千叶县木更津市。

开市客以低于其他公司的低价格提供高质量的国际品牌以及区域品牌商品。开市客于 1999 年在日本福冈县糟屋郡久山町开设了 1 号店，目前已经拥有 31 家仓储连锁店（截至 2022 年 6 月 23 日），门店数量仅次于美国的 578 家仓储店、加拿大的 107 家仓储店、墨西哥的 40 家仓储店。

开市客采取合并决算方式公布企业业绩，因此难以判断开市客（日本）的准确业绩数据。从开市客量贩店的业绩来看，2021 会计年度的收益较 2020 会计年度增长了 17.49%，实现收益 1959.29 亿美元；净利润增长了 25.1%，为 50.07 亿美元。开市客的特点是量贩会员制（会员制仓储式批发零售）。开市客并非单纯的低价商品商店，如果以单价来计算，开市客是家可以用更低价格购买到高质量商品的超级商场。开市客所销售的高品质商品毫不逊色于日本的任何一家超市。

在泡沫经济破灭后，似鸟从北海道地区向本州①地区拓展，开市客也在20世纪90年代末进驻日本。这两家企业都随着新冠疫情管控时期人们居家时间的增加而实现了企业发展。

消费者购买的家具、家居装饰以及大量食材等，都为消费者发挥创意创造个性化的生活空间、烹饪料理发挥了巨大作用。可以说，这些企业形成了支撑着百元商店模式的企业群。

在国民居家时间增加的背景下，人们追求自我的时间和空间满足感的新动向，体现在DIY以及单人露营方面。这些活动，都需要基于人们拥有重新审视自身周边环境、慢慢思索的时间，才具有实现的可能性。而在百元商店中，有很多创意商品和便利商品可以满足人们追求时间和空间满足感的需求。此前的"用金钱购买成品"的"依赖他者生活方式"，正在转向购买拓展自身梦想和自我潜力的原材料并亲自制作完成的"自我实现型生活方式"。

---

① 日本是群岛国家，主要包括北海道、本州、四国、九州4个大岛和附近3000多个小岛，总面积约37.8万平方千米。其中4个大岛占日本总面积的98%，以本州岛为最大。——译者注

五、人口向地方流动：地方活性化的萌芽

随着远程工作方式的普及，很多人从"居住地＝通勤圈内"等地理性以及时间性的制约中解放出来，他们通过使用互联网就可以实现居家办公，因此他们居住于都市地区的意愿越发淡薄，变得希望在地方居住并从事工作。如果能避开人群拥挤并减少过度消费机会，那么人们就会相应弱化居住在房租成本高昂的城市中的理由，移居地方的群体自然会随之增加。

根据媒体报道，人们移居地方的理由主要包括"利用远程办公系统可实现远离城市办公""不再愿意居住在新冠疫情感染风险高的城市地区""希望在宽敞居所内放松地居家工作"等。

此外，2020 年 6 月日本内阁府①发布了《关于新冠疫情影

---

①　日本内阁是日本最高的行政机关，以内阁总理大臣（即日本首相）为核心，与其他国务大臣共同组成。内阁下置内阁官房、内阁法制局、安全保障会议、人事院、内阁府以及各省厅六个部分，其中各省厅（相当于我国的部委）是内阁的主体部分。内阁府与各省厅［一般指十二省，即十二个部委，包括总务省、法务省、外务省、财务省、文部科学省、厚生劳动省、农林水产省、经济产业省、国土交通省、环境省、防卫省、国家公安委员会（即警察厅）等］也统称为内阁一府十二省。内阁府的前身是日本总理府，主要负责日本的经济财政、科学技术、防灾、冲绳以及北方政策、国民生活、公共安全事务、政府宏观政策等。——译者注

响下的生活意识与行为变化调查》，针对"受此次疫情影响，对移居地方的关注有无变化"这一问题，回答"关注度提高""关注度有所提高"的受访人数比重约占所有被调查者的10%以上。关注度最高的是居住在东京23个区的20～29岁年轻群体，有35.4%的人认为对移居地方"关注度提升"或者"关注度有所提高"。人们一旦体会到居住在地方享受无压力的生活乐趣后，就很难再找寻到重返都市工作的意义。

新冠疫情暴发前的2019年与暴发后的2020年相比，从各都道府县①的净流入人口数量角度看，人口流入量超过流出量的地区共有东京都、神奈川县、埼玉县、千叶县、大阪府、福冈县、冲绳县及滋贺县8个都府县。其中，人口净流入数量最少的是东京都，为51857万人（见图2－5）。

此外，2020年7月东京圈（包括东京都、神奈川县、千叶县、埼玉县）人口净流出1459人，自2013年7月以来首次出现人口净流出现象。东京都则在7月、8月、11月、12月均出现人口净流出，随着新冠疫情的蔓延，人口净流出不断增加。特别是东京都，5月出现了自2013年7月以来的首次人口净流出，之后一直呈现人口净流出状态（见图2－6）。

---

① 都道府县是日本的行政区划分，相当于我国的省、自治区、直辖市等。分为1都（东京都）、1道（北海道）、2府（大阪府、京都府）和43县（埼玉县、千叶县等）共计47个行政区，下设市、町、村。——译者注

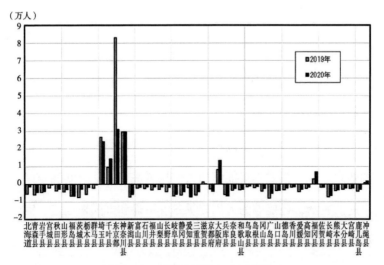

图 2-5 都道府县转入人口增量

注：负数为转出人口增量。

资料来源：根据总务省住宅基本台账人口移动报告 2020 年版制作。

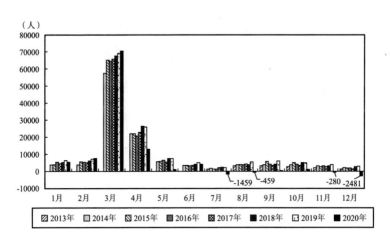

图 2-6 东京圈月度人口迁入量的变化

注：负数为转出人口增量。

资料来源：根据总务省住宅基本台账人口移动报告 2020 年版制作。

除了促进人口向地方流动以外,新冠疫情还推进了企业从集中于东京向地方转移。日本政府曾为地方创生、提振地方活力殚精竭虑,但始终没有取得实质效果,反而通过预期之外的新冠疫情得到了实现。

百元商店模式经济同样具有令人可期的提振地方经济活力的效果。这种模式不仅能够使人们摆脱城市中受时间和空间等束缚的生活,还能够为人们提供各种手段和方式来创造、完善可自由操控时间和空间的环境。人口从当前居住的城市向地方流动,加快实现了这种可能性。

人口向地方流动移居的趋势,并不是随着新冠疫情而形成的。很早以前就有电视台播放节目,宣传推广地方的美好以及地方生活的惬意,主要的代表性节目有"THE 铁腕! DASH!!"、"一亿人的大质问!? 屏气吞笑!"(日本电视台集团),"为鹤瓶家族干杯"(NHK),"人生的乐园"(朝日电视台集团),"让我们走出都市去生活吧 BEYOND TOKYO"(BS 东京电视台),以及"三宅裕司的家乡探访~引以为傲的乡村"(BS 日本电视台)等。①

---

① 日本主要有 NHK、日本电视台、富士电视台、TBS 电视台、朝日电视台和东京电视台等六大电视台。NHK 属于公共广播电视机构,隶属于政府,其余电视台属于商业广播电视机构,经营 BS/CS/地面波的频道业务。

这些电视节目的主要内容都是从城市视角透视乡村的美好以及乡村生活的闲适，可以说，这些节目有点类似于东京电视台的人气节目"You 为何来日本？"的国内版。居住在乡间的人们司空见惯的优美风景、习以为常的舒适生活，都会令城市居民感到艳羡、心生憧憬，因此，重新挖掘并展现乡村地方的美好成为这些电视节目的主要内容。

新冠疫情所孕育的崭新生活样态，实际上并非毫无征兆地突然出现的。政府、企业或者学者、NPO 等所期待实现的社会仿佛瞬间跃现出来，远程办公就是典型的代表。迄今关于社会近未来的样态，始终陷入赞成和反对两种意见争执的漩涡。但是，受新冠疫情影响，不管人们赞成与否，社会正在快速迈向那种"状态"。只不过这需要实际付诸努力方可实现，也就是说"百闻不如一见"。

新冠疫情夺走了很多人宝贵的生命，导致经济陷入停滞，至今我们还未看到未来的出路。这些都证明了，要想在这种状况下找寻到希望，就需要颠覆此前"现状＝无法改变的现实"这一认知，还有很多事物需要通过些许的思路转变以及执行力才能够实现变革。

百元商店经营模式打破了"现状无法改变"这一固有观念，创造了使每个人通过自由的创意发挥来具体展现自身价值观的社会。因人而异的创意，是实现富于多样性的人际关系和社会的最重要因素，百元商店模式所支撑的社会只不过是借由新冠疫情影响而加速了其实现进程而已。

六、百元商店模式的形成背景："不平·不便·不满"成为创意宝库

基于新自由主义的立场观点而施行至今的"增长至上理念"，因为造就了物质极大丰富而令世人深信这才是万众应当共享的唯一价值观。社会排挤脱离该价值观的人，并最终将他们视作"失败者"。

百元商店模式的发展理念与以往的思潮不同，它尊重与他人之间的差异性。人们追求自身价值观的过程，成为向实现自我而迈出的坚实一步。这想必也是摆脱增长至上理念的路径之一吧。

20世纪80年代前日本曾以高品质、高附加价值产品席卷世界，并被誉为"日本世界第一"。就是在这样的日本，诞生了以相应高质量、高附加价值的产品为核心的百元商店模式。在薪资多年没有上涨、对年金的担忧与日俱增、对未来前途感到渺茫等灰暗绝望的氛围萦绕持续的过程中，经历过"失去的30年"的日本国民开始发挥生活的智慧，最终形成了百元

商店模式。

为了能够在未来的世界更好地生存下去，人们不能依赖他人，而只能运用自己的头脑去思索，去亲自实现让内心感到满足的生活。

面对社会发展停滞、人们对未来的忧虑日渐增强的局面，若是在其他国家，针对政府的批评有可能不断高涨甚至引发骚乱等，社会将陷入混乱。然而日本却截然不同，尽管媒体报道以及舆论调查等也存在针对日本政府的批评声音，但整个社会的秩序仍保持着相对平稳，政府和执政党的支持率大幅超过在野党。

日本经济社会陷入停滞、企业业绩出现恶化，但日本国民却没有产生立刻更替政权的想法，而是思考着如果薪酬水平降低就去购买低廉的商品，通过自身创意来更好地打造生活空间。即使政治腐败，日本国民也不是考虑进行政权更替，而是试图通过自身努力来保护自己。

也可以这样认为，正是这种自身防御本能催生了百元商店模式。这种生活方式不是被强加赋予的，而是市民凝聚智慧、自主思索创造出来的。明治维新以来以“自上而下的改革”为中心的日本社会，出现了“自下而上的变革”浪潮。或许通过百元商店模式经济的发展，真正意义上的以市民为主体的社会才终于产生。

"走吧，咱们去逛百元连锁商店！"

百元连锁商店可以让市民购买到必要的商品而最终实现自我价值。百元商店模式诞生于"失去的 30 年"间日本人所积攒的不平、不便、不满等"情绪岩浆"。曾广受"质高价廉"赞誉、席卷世界的日本制品，现在已被中国、韩国等亚洲国家产品抢占了市场份额。原因之一就是日本企业产品开发的模式已经偏离了世界潮流。之所以这样说，主要是因为日本制造追求"完美主义"，或者说是"负向式的完美"，即便是充满意趣的崭新创意，只要存在丝毫风险或不完善要素都会遭到舍弃，而选择生产安全、无可非议的商品，采取"商品只要质量好就一定好销"这一重视品质（完美）的生产制造模式（如果说这是理所当然的话，确实也是理所当然的）。

但是，所谓"完美的商品"即便不受市场欢迎，企业也不会立刻加以舍弃。正是由于日本企业过于追求产品完美，所以产品才缺少了灵活性。

培育并树立了日本产品形象的"负向评价式完美原则"①，过去曾被视作"信誉信任的证明"。但如今却已非如此，世界

---

①　意指对于未达到设定标准的事物，以减分、负向评价的理念来评量自身的表现，从而以更高尺度追求完美，规避、回避不足之处。——译者注

主要发达国家都采取了"正向评价式适度原则",该原则并不意味着差不多、欠缺精确度,而是指不造成浪费、适度折中才是最优的选择。

他们先将商品投入市场,观察市场反应。对于市场反馈良好的要素则进一步拓展强化,而对于市场反馈较差的要素则优先予以改进,实施版本升级改进。例如,智能手机和笔记本电脑中的 OS 系统首先发布新版本,然后针对用户反馈收集的漏洞缺陷信息及意见进行改善升级。重视安全性能的新能源(EV)汽车也同样如此,根据已售汽车反馈的信息不断改进系统的不完善之处。如果在制造出完美产品之前就采取控制市场投放策略,就会错失市场先机,丧失产品的上市速度。

快捷敏锐地应对消费者的"不平·不便·不满"情绪,是在当前过度竞争中赢得胜利的秘诀。当前仍然陶醉于"过去荣光"的日本企业已经毫无胜算。

第三章

21 世纪是百元商店
模式的时代

一、21 世纪是通货紧缩的时代吗——从
"D > S" 社会转向 "D < S" 社会

　　在泡沫经济破灭后 30 余年的很长时期内，日本经济基本
未实现显著增长。从平成时期到令和时期①，包括岸田文雄首
相在内共有 19 位总理大臣探索实施了景气回升的政策措施，
但最终所有政策在"通货紧缩"这一高墙障碍前都无功而返。

────────

　　① 平成和令和是日本的年号，平成年号始于 1989 年，令和年号始于 2019
年。——译者注

在"失去的 30 年"中，日本所失去的不仅仅是经济实力，还包括国民对政治的信赖、在国际社会中的存在感等，数不胜数。我们留意到，过去曾以日本为目标努力"追赶超越"的国家，都即将赶超日本（或在部分领域正在超越日本）（见图 3 – 1）。

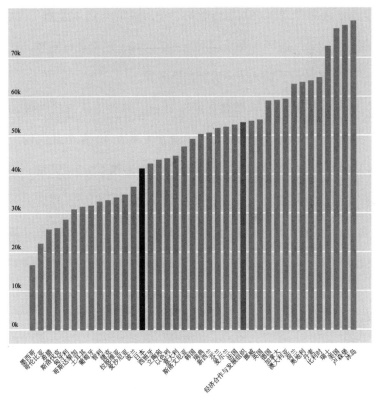

图 3 – 1　平均薪金的国际比较

注：以 2021 年为基准年的美元购买力平价（PPP）计算。
资料来源：根据 OECD 数据整理。

　　日本的景气恢复政策，为何没有取得明显效果呢？从结论上来看，这是因为日本政府对经济所陷入的结构性问题作出了错误判断，按照经济学教科书的方式采取了经济对策。

　　进入 21 世纪，基于"通货紧缩有害"这一认知，经济政策目标也被设定为"摆脱通货紧缩"。但是，就当前经济状况而言，不能简单地将其视作教科书中所说的"通货紧缩"。此前，围绕景气循环主要是运用经济学的四个理论进行阐释，这些理论都揭示了景气循环的周期性差异。

　　第一个是"基钦循环周期"理论。该理论认为景气波动主要源自企业的库存变化，由于通常发生在 40 多个月的较短周期内，也被称作"短期波动"。美国经济学家约瑟夫·基钦在 20 世纪 20 年代发表论文提出该理论。其后，约瑟夫·熊彼特在 30 年代发表的《景气循环论》一文中将其称作"基钦周期"。

　　第二个是"朱格拉循环周期"理论。该理论认为企业的设备投资是引发周期波动的起因，通常约以 10 年为周期，故亦称作"中期波动"。法国经济学家克里门特·朱格拉在 19 世纪 60 年代的著作中提出了该理论，熊彼特将其命名为朱格拉周期。卡尔·马克思也认为，经济中存在着 10 年左右的周期。

第三个是"库兹涅茨循环周期"理论。住宅以及工商业设施约 20 年就会老化，因此这种重建需求会引起约 20 年长度周期的景气循环。美国经济学家西蒙·库兹涅茨于 20 世纪 30 年代揭示了这一观点。20 年周期与孩童成长为成人的时间周期重合，因此也有观点认为这是人口动态变化引发的经济周期波动。

第四个是"康德拉季耶夫循环周期"理论。该理论认为经济中存在着约 50 年的较长周期，故称"长期波动"。俄国经济学家尼古拉·德米特里耶维奇·康德拉季耶夫于 1925 年提出该理论。熊彼特称之为"康德拉季耶夫长波"，认为引起 50 年周期的景气循环的成因是创新（技术革新）。也就是说，企业研发部门形成具有划时代意义的创新，将首先波及关联部门并引发新的投资，其后各类新兴企业、新兴产业将相继诞生，并最终带动景气长期性上升。熊彼特认为，资本主义经济历史上曾形成三波景气周期。第一波周期是纺织机、蒸汽机等发明所带来的 18 世纪 80 年代至 19 世纪 40 年代的产业革命时期。第二波周期是铁道等大规模建设的 19 世纪 40 年代至 19 世纪 90 年代。第三波周期是电气、化工、内燃机车等普及发展的 19 世纪 90 年代以后。

在四个景气循环中，20 年周期的库兹涅茨循环以及 50 年周期的康德拉季耶夫循环最为人们所熟知（见表 3 – 1）。

表 3 –1　　　　　　　　　　四大景气循环论

循环名称	周期	因素
基钦循环	约 40 个月	企业的在库变动
朱格拉循环	约 10 年	企业设备投资
库兹涅茨循环	约 20 年	重建需求
康德拉季耶夫循环	约 50 年	新投资带来的新的企业经营与产业兴起

资料来源：笔者制作。

日本经济的低迷已经持续了 30 多年，看起来似乎处于康德拉季耶夫循环周期的景气衰退局面。但事实果真如此吗？

20 世纪 90 年代初期，信息技术（IT）革命开始兴起，以美国的 GAFAM① 等为代表的 IT 企业牵引了世界经济发展。世界各国政府和企业都积极实施数字化转型战略，推动经济保持长期增长趋势。

日本则没有赶上 IT 革命的浪潮，在这 30 多年间并没有取得特别值得关注的技术革新成就。国际发展管理研究所（International Institute for Management Development，IMD）发布的国际竞争力排行报告显示，日本国际竞争力曾在 20 世纪 90 年代初位居世界第一，但到了 2022 年则降至第 34 位，呈持续

---

① GAFAM 指美国谷歌、苹果、脸书、亚马逊和微软五大 IT 巨头。——译者注

下降态势。

但是，日本经济的停滞难以完全运用康德拉季耶夫循环理论作出解释，因为在通货紧缩情况下本应大幅恶化的失业率以及股价等数据，却与日本经济景气时期的水平没有任何变化。日本 2021 年末完全失业率为 2.7%，与泡沫经济时期（20 世纪 80 年代）的情况基本相同。股票价格也达到了 1989 年以来的高值水平。

日本处于经济不景气状态，但却出现劳动力不足、股市价格高涨等现象，这些现象都难以用传统经济学理论进行阐释。因此，21 世纪的日本需要形成一个传统经济学理论无法有效解释的新经济发展模式。当然，这种新经济模式完全不同于现代货币（MMT）理论那种助长乱发国债行为的过激理论。而"百元商店支撑的社会发展模式"就是这种崭新的经济样态。

当前的日本经济处于储蓄过剩、需求过低的状态。家庭资产中的金融资产膨胀到了约 2000 万亿日元规模，企业的内部留存也超过 500 万亿日元。然而，一亿多人口规模的日本尽管资金充裕、拥有着相当规模的流动性资金，但这些资金却完全没有流动起来。

我们都知道，"资金是经济的血液"。动物可以通过血液循环实现生存，同理，经济也是通过资金的循环（随着物品买卖的活跃，资金实现周转流动）实现景气的好转和提升。

当前，日本国民没有消费意愿，企业也不愿积极地开展设备投资，结果就是薪酬没有上涨，无法进一步扩大消费。当今的日本经济没有形成"设备投资—雇用扩大—技术革新—工资上涨—消费扩大—设备投资"的良性循环，而是处于"非循环状态"。这种非循环状态，意味着日本进入了"D缺失社会"。

经济增长是通过扩大再生产实现的。扩大再生产是在需求（demand）超过供给（supply）状态时产生的，各种产品销售出去后，所赚取的利润资金用于建设厂房、引进新生产设备，雇用劳动者继续制造产品。扩大再生产的前提条件是 D > S（需求大于供给）。

但是，日本经济却长期呈现出与此相反的 D < S（需求小于供给）状态。经济学将需求低于供给的状态称为通货紧缩。然而，日本却没有出现通货紧缩所表现的高失业率以及股价下滑等现象。虽然需求小于供给，但又呈现出不同于传统通货紧缩的经济结构。

泡沫经济破灭后的日本，物品和资金都持续呈现供给过剩。流通于市场的商品出现滞销，虽然增加了资金供给，但市场却没有资金需求。

如前所述，经济学教科书中将 D < S 的状态解释为通货紧缩。运用朱格拉周期理论来看，当企业增加设备投资、生产出过多产

品时，供给将大幅超过需求，这种供给过剩就是通货紧缩。

但是，日本经济的停滞，既不是因为生产出过多的产品，也不是因为建设了过多的住宅，而是因为日本社会处于"没有需求"状态中。换言之，就是处于需求低于供给的社会状态。虽然可以用 D < S 来进行表述，但是着力点并不是 S（供给），而要从 D（需求）的角度来分析问题。

然而，日本政府的经济对策似乎并没有完全理解透彻"需求是从何处产生的"这一问题。

当今日本社会就是"缺失 D 的社会"。这里的 D，并不单单指需求，更是将着眼点指向了唤起社会需求的动因，也就是说 D 涵盖了梦想（dream）、欲望（desire）和需求（demand）三大要素。现在日本是"看不到希望、没有追求、不购买物品"意义上的"缺失 D 的社会"。换言之，日本已经进入了"物欲减少的社会 = 再生产缩小化的社会 = 均衡缩小的社会"。日本资本主义模式正在发生质的变化。

1936 年，著名经济学家凯恩斯在《就业利息和货币通论》中阐述道，"资本主义的推动力源自于人们的欲望"。20 世纪初，由于人们的物欲需求尚未得到满足，欲望成为重要的推动力。如果欲望是资本主义的推动力，那么当今的日本社会就是"失去推动力的资本主义"。日本国际竞争力下降的根本原因也在于此。

二、"贪欲"饱和的社会——不消费的年轻人

日本人的物欲或对物质的贪欲出现了较大程度下降，特别是年轻一代的物欲减退尤为显著。

经营着个人汽车租赁"优惠私家车定额卡尔莫"的纳伊鲁公司，在 2021 年面向东京都以外 1263 名新成人（2000 年 4 月 2 日至 2021 年 4 月 1 日间出生者），针对私家车保有状况进行了问卷调查。结果见图 3-2 和图 3-3。

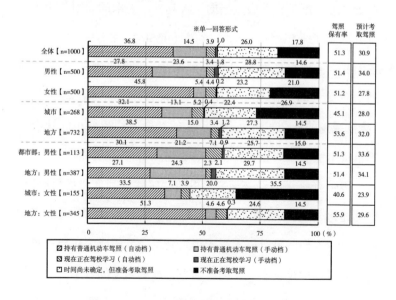

图 3-2　2021 年普通机动车驾照持有情况

资料来源：根据 ReseMom 网站制作。

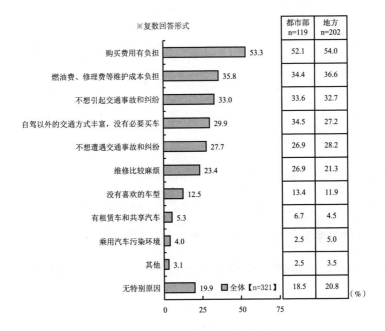

图 3 - 3　自身不愿拥有汽车的理由

资料来源：根据 ReseMom 网站制作。

尽管汽车已经成为生活中的必需品，然而关于"未拥有汽车"的理由中，"经济方面的原因"占 52.1%，经济原因包括"没有钱购买汽车""不具备购买汽车的经济能力"等购买费用的问题，以及"因为需要养车成本""因为需要保险费用"等养车费用的问题。

新成人中包含了大学生等尚未就业的人群。日本国民的年平均年收入为 433 万日元（2020 年），20~24 岁年轻人的平均年收入为 264 万日元，25~29 岁年轻人的平均年收入为 369 万日元（日本国税厅《民间收入实态统计调查（2019 年)》)。
依靠这种收入水平购买车辆并进行保养维护或许存在难度。

2021 年 1 月 5 日索尼损害保险公司发表的《2021 年关于
新成人的汽车生活意识调查》显示，2021 年新成人的驾照持
有率为 51.3%，私家车辆保有率为 14.4%，较上年下降了 5.1
个百分点。所有受访者中回答“不准备购买汽车”者占 32.1%，
具体理由分别是“购买费用有负担”占 53.3%，“燃油费、修
理费等维护成本负担”占 35.8%，“不想引发交通事故和纠纷”
占 33.0%。从这些问卷调查结果可以看出，经济能力仍然是
最大的障碍。

日本国民的收入水平，很难想象未来会迅速增长。原因之
一就是人们劳动时间减少。日本厚生劳动省的《每月劳动统
计调查》显示，日本国民的实际劳动总时间在 2016～2020 年
的 5 年时间内，由 1724 小时减少到 1621 小时（企业规模 30
人以上），远远低于 1960 年的 2432 小时。

民间企业的平均年收入，2020 年为 433 万日元，较上年
减少 3 万多日元；与收入水平最高峰的 1998 年 465 万日元相
比，减少了 30 多万日元（国税厅数据）。虽说 2020 年受新冠
疫情的影响较大，但从过去 20 年间的趋势来看，日本劳动者
平均收入呈减少趋势，并处于较低水平。

如今的日本人口减少、劳动时间减少、平均收入减少，与经济增长相关的各类要素均呈下降态势。尽管如此，人们日常生活并没有出现较大的混乱，也没有爆发要求政策调整的社会动荡。国民收入减少但依然能够维持生活，就在于以百元连锁商店商品为代表的低价格商品充斥在人们身边。人们不再逞强炫耀式地去购买高价格商品，而是满足于适应自身实际的生活方式。

两千多年前，老子在《道德经》第三十三章写道"知足者富，强行者有志"，意思就是说"知道满足的人内心是富有的，努力不懈的人是有志气的"。不必勉强自身，而是在与自身情况相适应的生活中努力不懈，就会发现一个崭新的世界。梦想、欲望、需求等淡薄的"缺失 D 的社会"，虽说缺少了社会发展的推动力，但也不必为此而悲叹。因为他们都拥有富有的内心，对"缺失 D 的社会"感到满足。

其实，年轻一代也并非完全不消费。在物质欲望较低、物质消费减少的同时，他们却将金钱用于娱乐消费、有价值的体验消费方面。也就是说，购买汽车和高级品牌商品的物质消费有所减少，却增加了不需要花费太多金钱的体验消费。

体验消费因每个人的价值观和兴趣爱好不同，金钱的使用方式也千差万别。喜欢观赏电视剧和电影的人，加入网络的内容播放服务就可以整日欣赏。智能手机的漫画软件，可以实现免费浏览漫画，相关动漫游戏也不断推出新作品。在单身文化、宅文化中，有很多不需要花费金钱的娱乐项目。与汽车以及高档品牌商品相比，IT 设备和内容服务费相当便宜。随着虚拟现实等新技术的日益普及，数字领域的体验消费将进一步增长。

体验消费中还有像旅游那种伴随着交通、餐饮及住宿等形式的消费。从前往近处的一日游到世界环游旅行等，根据不同的经济实力存在着非常多样的选择项，这就是体验消费的优势。

体验消费虽然大幅增长，但并不意味着物质消费消失。只不过与经济增长至上主义时代相比，过剩的物质消费减少了而已。

在笔者仍是一名学生的 20 世纪 80 年代，大多数男生到了 18 岁就会考取汽车驾驶执照。有部分学生会利用打工赚取的金钱购买、保有汽车。虽然存在购买新车与二手车的差别、高级车和小型车的差别，但无一例外大家都会考取驾照。其实对所有学生而言，汽车并不是其日常生活的必需品。

对于当时的年轻人来说，与朋友和恋人一起开车兜风是相互交流的重要机会，汽车成为人际交往中不可缺少的重要工具。当前随着手机以及智能设备的普及，人际交流的手段发生了变化，这大概是不再需要汽车的理由之一吧。

在 20 世纪 80 年代以前，物质消费基本上就是生活方式的全部，甚至实际生活中并不需要的物品都被人们所购买。如果没有大量生产、大量消费、大量废弃，经济增长至上主义就无法实现。正如电视广告"你能 24 小时工作吗？"所展现的那样，人们努力工作并将金钱用于物质消费，这就是当时的生活方式。

然而现在，对新入职员工询问"第一份工资你买了什么"时，得到的回答是"暂时先把工资存起来了"。他们没有特别希望购买的物品。而询问到"希望事业发展到什么程度"时，得到的回答则多是"与其为出人头地而努力，更希望珍惜自己的时间"。在寻找工作的阶段，甚至还有学生提出不去外地工作等条件。工作中要想出人头地，岗位调动是理所当然的，然而他们却并不这样认为。

出人头地后驾豪车、住豪宅、购买别墅等场景，我们无法描绘。因此，与其为了这些未可预知能否实现的梦想去拼死努力，他们更加渴望在合理范围内的自我实现。他们希望在可能的情况下，避免为安身立世而过度辛劳，对于出人头地这件事情的欲求较为淡漠。

20 世纪 80 年代的偶像歌手，是一种难以触及的仿佛云端上的存在，而现在的偶像则可以在粉丝握手见面会上谈话交流和握手！

现代年轻人追求的不是某人为其描绘勾勒的大梦想，而是将实现自己所描绘的小梦想作为目标。

三、通货膨胀和通货紧缩哪个更好

现在的日本尚未出现景气恢复的征兆。令人遗憾的是，日本亦尚未找到推动经济增长的新产业和新增长点。尽管日本政府极力鼓励创造发挥数字化转型（DX①）效能的新产业，但是日本版 GAFAM 仍未诞生，正如新冠疫情中所看到的那样，单单围绕新冠疫苗开发这件事，日本所耗费的时间都远远高于其他国家。

目前日本经济出现物价上涨，呈现出通货膨胀的倾向，其原因主要在于原油价格高涨、日元贬值导致的进口价格上涨，以及气候异常、新冠疫情引发的食品价格高涨。过去，

---

①　意指数字化转型。英文 digital transformation 可以缩写为 DT，也可以为 DX。X 通常会有交叉、横跨、转换的意思，同时还可以解读为数字化转型之后的不确定性、不可预测的 X。——译者注

日元贬值往往会推升日本经济，但当前的日元贬值被认为是"有害的日元贬值"。以往的经济理论已经无法适用当今状况。

因此，既然经济低迷已持续了30多年，我们自然会认为它已非"停滞状态"，而是处于"定常状态"。面对这种状况，需要我们辩证地分析通货膨胀和通货紧缩哪个更好，实现观念上的转变。21世纪新生活方式已经产生，政府需要采取与该价值观相适应的经济政策。

未来，日本仍将继续处于"缺失D的社会"，难以实现扩大再生产。这是因为在这30年间，日本已经转变成没有扩大再生产的经济样态。在经济高速增长期、泡沫经济期，劳动者将全部劳动都提供给资本家，然而这种情况现在已经消失。劳动者减少劳动时间、增加自身可自由支配的时间，劳动者开始逐渐摆脱资本家的束缚。其结果就是，感受到被资本家强制辛苦劳作的"异化劳动"① 也持续减弱。

这种变化是资本主义自身所带来的结果。资本主义并非一

_____

①　也称为"疏远化劳动""外化劳动""劳动异化"，是指在生产资料私有制社会里，劳动及其成果成了劳动者的异己的、同劳动者相对立的独立的力量。马克思在《1844年经济学哲学手稿》中论述了异化劳动的具体表现为：劳动成果与劳动相异化、劳动本身与劳动者相异化、劳动者同他的类本质相异化。以上三种事实所造成的结果就是人同人相异化。

成不变的，如同电影《新哥斯拉》中哥斯拉从第一形态向第二形态、第三形态演化那样，资本主义也随着产业革命和 IT 革命等发生了巨变。这种变化在"失去的 30 年"间徐徐发生着。

尤为重要的是，我们应该如何准确理解当今资本主义的本质。所谓"××经济学""××资本主义"等虽然进行了言语上的新表述，但核心内容旧态依然，这种经济政策并不能给日本国民带来新的希望，也无法有效推动现代日本经济实现好转。这是因为，资本主义结构本身发生了变化。当今的日本到底发生了什么变化？日本经济社会发生了哪些根本性变化，这些变化对未来的日本经济会带来哪些影响，对此每个人又应该如何应对？这些都需要作出详尽的解释。

新冠疫情以后，社会发生了巨大变化，最大的差别就在于，人们增加了能够自由支配的时间和空间，由此提高实现自我的可能性。

在以物欲为前提的资本主义社会，人们为了完善自身生活环境而购买家具和家电等成品，满足于拼图似的把既成品点缀于生活中。如果购买的商品不能很好地装饰点缀生活，人们就只能另行选购其他商品。而在未来的崭新生活样态下，人们首先会构想"自己希望创造的空间"，为了打造这一空间，人们再去购买必要的组件并按照自身意愿组装完成。通过 DIY 制作桌子和椅子，利用百元商品来改善厨房环境等，就是代表性事例。

有多少人存在，就会有多少种"自身希望创造的空间"。自己亲手改善生活，意味着从以获得（高）收入为代价而被资本家所束缚的（长时间）劳动中解放出来。人们通过"自由的时间"，努力实现自身的梦想。这些都表明劳动者正在努力摆脱资本家的束缚。

认为"通货膨胀 = 好、通货紧缩 = 坏"，只不过是缘于通货膨胀导致企业利润增加、通货紧缩造成利润减少这一资本逻辑。

日本企业的竞争力低下，缘于生产率的下降。但是，此前企业收益上涨主要得益于日元贬值的加持。原本，企业是通过开发新技术（技术革新）、销售高附加价值的产品获得收益，最终劳动者薪金收入也实现上涨。不管是对企业还是对劳动者而言，都形成了双赢的格局。这些得益于企业的努力以及企业具有的强大竞争力。

但是，长期持续的日元贬值导致企业放松了技术革新的努力。从企业角度看，即便不通过加大投入研发成本来提高生产率，它们依然能够像以前一样获得超额收益。但这些收益并未投入投资（薪酬及研究开发）中，而是作为企业内部留存用于企业未来发展，也没有对劳动者薪酬水平进行必要以外的提高。

这与家庭为应对未来需求而增加储蓄基于相同的逻辑。现今的日本，不论是个人还是企业，仅是为了应对未来的不确定性，就将目前的生活、当下的经营都摆放在次要位置上，相反，世界各国却都积极参与到当前竞争中。尽管从结果来看这些做法关乎到未来的安宁、发展，但我们认为日本的这些做法是大错特错的。

在此背景下，即便企业业绩出现好转，也无法保证从业者的工资必然上涨。只要不提高分配率、提高工资水平，个人消费就不会增长。企业经营者期待着经济景气到来的同时，经营战略却朝着完全相反的方向推进。低收入水平以及对未来的不安感，造成了日本消费持续低迷。2021 年，尽管日本仍处于新冠疫情期间，但日本个人金融资产规模最终突破了 2000 万亿日元。如果居民消费欲望持续减弱，那么遑论企业实施技术革新，想必企业甚至都不愿意生产制造新产品。如此状况，日本是无法在全球竞争中取胜的。因为，全球化竞争通常会促使技术革新、生产具有高附加值的产品。

人们应该清醒地认识到，在经济低增长过程中形成新的价值观，探索取代增长至上主义的崭新生活方式，这一时代已经到来。

当今日本被称作"1 亿总过剩的社会"，绝不意味着社会富裕，只是因为人们对未来感到不安而不敢过度花钱而已。

四、两极化的日本式资本主义

过去受到国家这一壁垒阻碍而无法自由流动的资本，现在已可在全球范围内流动，能够追求较以往更高的利润。单家企业销售额超过一国 GDP 的情况，也是出现在这一时期。

例如，苹果公司 2020 年的销售额高达 2745 亿美元，位居世界第六。这一数字超过了哥伦比亚 2710 亿美元的 GDP 总额。在大型跨国企业竞争日益激化的过程中，只有日本被远远抛在了后面，经济陷入了衰退。

当今日本社会存在着"三个阶层"和"两个社会"（见图 3 -4）。

三个阶层中的第一阶层，是现今仍在追求的"高位增长至上主义"阶层。部分政治家和大企业经营者属于这一类别。在全球性超级竞争中，日本国际竞争力虽然有所下降，但仍通过旧的理念和经营战略积极参与着竞争。

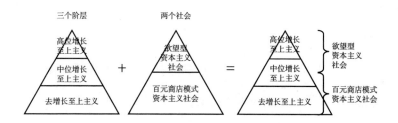

图 3 – 4　日本"三个阶层、两个社会"示意
资料来源：笔者制作。

　　第二阶层就是满足于"中位增长至上主义"的阶层。他们在第一阶层群体运营的组织机构或企业中工作，虽然对"增长至上主义"保持着疑问，但却不知道采取何种方式摆脱。他们并非满足于现状，而是没有其他的选择，因此他们希望沿着迄今走过的道路暂时追随第一阶层。

　　第三阶层是践行"去增长至上主义"的阶层。他们认为增长至上主义是过去的产物，应当与之诀别，实践"去增长至上主义"的生活。他们对现今社会存在明显的不满，从而进行自身变革，由此"缺失 D 的社会"不断得到扩展。这一阶层既促进了"去增长式生活"的萌芽，又积极探索崭新的价值观。

　　"两个社会"是指"欲望型资本主义社会"和"百元商店模式资本主义社会"。欲望型资本主义可以替换表述为"全球化资本主义"，是通过大量生产和大量消费持续追求最大化利润的经济体制。

百元商店模式下的资本主义社会则是没有三个 D〔梦想（dream）、欲望（desire）和需求（demand）〕的社会，虽然它仍是资本主义经济体制，但只能产生最低限度利润。综上所述，当今的日本资本主义是三个阶层和两类资本主义社会交织在一起的模式。

这种结构就仿佛双层敞篷公共汽车，持有三种不同理念的群体共同乘坐其中并朝着共同的方向前进。

但是，这种状态并不是静态的，而是处于时常变化中的。公共汽车的一层部分是密闭的空间，第二阶层和第三阶层的人们拥挤于其中。尽管他们与第一阶层支付同样的乘车费，但却不得不拥挤于狭窄逼仄的空间，感觉到压抑闭塞。因此，他们逐渐向第一阶层攀爬，渴望自己也能够上升至敞篷巴士的二层空间。来自"缺失 D 的社会"的、针对"欲望型资本主义社会"的逆袭由此开始出现。通过不断扩大践行"去增长至上主义"式生活的群体规模，逐步动摇迄今所确立的欲望型资本主义社会的框架和结构。

为了尽快恢复经济社会发展，战后日本努力追赶欧美强国。日本坚信工业化社会才是现代化的证明，为此而倾注全力推动经济快速发展。20 世纪 50 年代黑白电视机、洗衣机、电冰箱被称作"三大神器",而 60 年代彩色电视机、空调、汽车成为"新三大神器",人们始终坚信物欲的充足才会造就丰富的生活。

但讽刺的是,在泡沫经济破灭后经济低增长态势长期持续的进程中,产生了"脱成长·脱欲望"的理念。值得注意的是,在"失去的 30 年"间,践行"脱成长·脱欲望"的群体以及自然地接受"缺失 D 的社会"并努力生活下去的群体,两者几乎同时形成。特别是希望摆脱欲望型资本主义社会而在百元商店模式资本主义社会中寻找生活方式重心的人群大量涌现。可以说,这就是"D 的逆袭"。

此前,很多人受增长至上主义的竞争所影响,常常被强行要求快速向上突破发展(为满足欲望而投身于竞争社会中)。但是,随着社会陷入饱和状态、D 逐渐消失,人们开始目光朝下,放缓前进步伐。人们意识到在"增长至上主义式生活 = 有 D 的生活"模式下,难以如正常人般生活下去,因而开始倡导寻求新的生活方式,这就是 D 的逆袭。通过廉价特惠商店改善生活方式的群体,以及通过"半农半 X""减档生活""极简主义"生活方式来践行"去增长式生活方式"的群体等先后出现,都是这一现象的典型象征。

21 世纪日本的生存之道,必须摆脱以竞争为前提的"增长神话"。去增长意味着由竞争社会转变为"众多理解和认知共存的社会"。

五、压力国家——日本

我们可以看到，现在日本社会整体处于压力过大的状态。日本沉湎于过去的荣光，未能直面世界的潮流，实施着旧态依然的经济政策，最终导致日本没有爆发技术革命，国际竞争力持续下降。在国民收入长期没有实现增长的过程中，人们对于未来财政破产、年金破产等的不安和恐惧却与日俱增。尽管如此，日本仍然只顾追求故态依然的"增长竞争"模式。

我们再将目光转向政治方面，日本国民也开始对政府政治持有不信任感。结果导致整个社会中蔓延着不安感和不信任感，网络上充斥着对他人发言进行过度攻击等诽谤中伤的言论。自由地表达意见变得越发困难，很多人由此感觉内心憋闷。这与现代人所承受的压力完全相同。

有意见认为不能用"个人压力消解法"来解决这个问题，具体原因如下所述。然而，日本政府和社会却正在采取与此相同的处理方式。

（一）暴饮暴食

人类通过进食可以产生快乐感和幸福感。人们进食的瞬间虽然很幸福，但也会产生给内脏带来负担、增加多余负担等恶果。对于国家来说，过度宽松的金融政策和财政政策就等同于暴饮暴食。如果以"穷困者救济""企业活动活性化""××给付金"等名义实施过度宽松的金融政策和财政政策等，会加大国民之间的经济差距，加剧日本财政破产的风险。这种方式只是将麻烦甩给未来，将风险暂时搁置而已。

（二）冲动性购买与赌博

冲动性购买和赌博，尽管都是始于游戏体验般的感觉，但最后也有可能形成依赖症。这就如同当今状况，金融经济（金融资本）日益膨胀并逐渐摆脱控制的话，就会与实体经济背离，造成经济差距进一步扩大。20 世纪 80 年代中期的泡沫景气以及泡沫破灭、90 年代的亚洲金融危机以及 2008年的全球金融危机等都是典型代表性事例。当前日本政府准备实施的增进对国民投资的"资产收入倍增计划"等，的确令人费解。

（三）针对人或事

现在日本社会仇恨言论以及网络上的诽谤中伤问题日益严重，加剧了社会的对立与分割。如果在国家层面用言论攻击他国、压制反对力量的话，不仅会给整个社会带来闭塞感，甚至有可能引起国际纷争并最终引发战争。

当个人面临压力时，会采取各种各样的缓解方法以及去医院治疗、吃药等方式。当国家面临压力时，如果这种状态长期恶化，就会导致财政破产、社会秩序混乱、国际信任度下降等。这些情况通过互联网等扩散至整个世界的话，都会体现在各种国际排行比较中。日本未来将会面临越来越严峻的处境。

以增长至上主义为前提的国家间竞争，永远无法摆脱"过当竞争"，这就使得整个国家始终处于经常保持高速行驶、始终与危险为伍的"F1 赛车式社会"状态。

在 F1 赛车式社会，一旦降低速度就会被对手超越，但如果速度提高过快，驶过弯道时则会难以进行方向操控，要么原地打转，要么撞上护栏。这些都是以命相搏的竞争。F1 赛车手在严格训练下掌握了高超的技术，因此可以轻松地应对这些问题。但是，日本当今的所谓政治家大都是没有学过政治学、经济学的政客，他们只会提出或采取那些听起来很美好、口惠而实不至的政策。而深受其害的，就是生活在"缺失 D 的社会"中的日本民众。

因此，我们必须摒弃由"增长神话"衍生出来的"经济增长＝富裕"价值尺度，而要探索能够使整个国家富裕起来的新标准。这个新标准应当指明社会可实现的发展方向，包括保护自然环境、化解社会性对立、充分发挥每个人的能力。此外，还应该充分利用日新月异的人工智能和数字化转型，以便更好地践行新标准。

人工智能和数字化转型，不仅应作为获取国际竞争胜利的重要工具加以有效利用，还应当运用于提升"使日本社会不再感受到压力、每个人个性和价值观都得到尊重"的可能性等方面。这不仅是 21 世纪日本再度成为获得国际信任的国家的必由之路，甚至还能促进日本社会摆脱"增长至上资本主义"。

六、百元商店模式丰富了经济学理论认知

马克思认为，资本是自行增殖的价值，即资本不断扩大再生产、持续推动经济增长，这种经济体制就是资本主义。资本家雇佣劳动者，进行设备投资并采用机器进行产品的生产与销售。销售商品所获得的利润（剩余价值）再度转变为雇佣和

设备投资，进一步增加利润。

在进行再投资时，技术先进的机器和设备投入越多，就越能减少劳动者数量。如果人力成本变得过高，那么通过机器替代的方式即可增加利润。雇佣的减少，导致劳动者陷入失业状态或半失业状态（低收入劳动）。

伴随着技术革新的增加机器（不变资本）投资、减少劳动力（可变资本）比重，将导致"资本的有机构成"高度化。现代的平台型企业正处于高度化进程中，那些利润高得足以垄断全球财富的企业，都是由少量的高技能劳动者来运营的。

但是在日本，我们尚未发现相同模式。日本部分大企业，特别是出口企业确实取得了历史最高利润。然而，这并不是通过技术革新和设备投资等实现的利润增长，而是由长期持续的日元贬值产生的外汇收益差带来的。

日本企业增加非正规雇佣，将劳动者逼入了低薪金状态，但是劳动者的生活倒也并非"半失业"所描述的那般悲惨窘迫。

一方面，企业不再愿意进行扩大再生产。企业通常会将经营所得的部分利润转变为资本，增加人力投入和设备投资以生产更多的产品。在扩大资本规模的同时进行再生产，是企业活动的基本方式。对于资本来说，实现自我增殖是重要的命题之一。

但是，现今的日本企业即便获得了利润，也不再将其投向设备投资和技术革新，而是用作企业内部留存。企业不愿意进行再投资，资本就无法实现自我增殖。也就是说，日本虽然是资本主义社会，但资本的逻辑已无法在其经济体制中发挥作用，这就是当今的"日本式资本主义"。

另一方面，尽管劳动者被迫置身于低收入状态，但并未感受到他们存在很大不满，也没有发生马克思所揭示的、陷入贫困状态的劳动者团结起来对抗资本家的现象。日本之所以没有爆发不满，主要得益于以百元商店为代表的超级特惠店大量增加。

如果没有资本的有机构成高度化，就不会出现可称为"扩大再生产"的投资，充其量也就是小规模再生产。因为日本是"资本没有自我增殖"的资本主义社会。

在日本式资本主义中，资本家和劳动者的对立也难以出现。政府要求企业提高工资的"官方提薪交涉""官制春斗"①等的出现，形成了工会支持政府、执政党这种让人难以理解的

---

① 春斗又称"春季生活斗争""春季工资斗争"，是日本工会每年春季组织的为提高工人工资而进行的斗争。春斗现在已成为日本劳工运动的固定形式之一，春斗一般采取谈判的方式进行。官制春斗是指在政府官方主导下的劳资谈判斗争。此外，日本政府也会出台政策措施号召或促进企业加薪。——译者注

局面。这种资本主义社会就是当今日本的真实写照。

七、没有疏离劳动过程的日本劳动者

马克思主义认为，在以机器为主要生产方式的资本主义社会中，人们被视作机器的附属品，丧失了劳动的乐趣。这就是"劳动异化"。20 世纪 80 年代仍留在人们记忆中的"你能 24 小时奋战吗""工作的意义"等电视广告，完全再现了为公司工作的劳动者的状态。

但是，泡沫经济的崩溃以及令人唏嘘的长期经济停滞，导致不愿工作的劳动者、对工作和前途感受不到价值和意义的劳动者大幅增加。厌恶被资本和社会束缚的状态，珍视自身时间的群体也在悄然增加。

此外，日本社会还出现了不再顺从资本的要求、摸索"去资本主义"式行动的群体。值得注意的是，他们一边否定着资本主义，一边摸索并实践着在资本主义社会中不再受到资本逻辑束缚的生活方式。他们是生活在资本主义社会中但资本支配力却无法影响掌控的群体。这是无法从劳动过程中疏离出来的人们能够生存下去的社会样态，是百元商店模式所支撑的日本式资本主义。

第四章

百元商店模式社会的未来

一、"自我认可解"与"自我肯定感"

日本目前正在迎来重大转换期，这源自物欲中心社会和增长至上主义的转换。我们看到，日本书店中"去增长"和"资本主义的边界"等方面的书籍摆放得满满当当，整个社会正在从增长至上主义向去增长时代、从欲望社会向低欲望社会转变。

听到"去增长""低欲望"，人们或许会产生社会陷入停滞和衰退的印象。但是，在百元商店模式基础上构建的社会，并非没有希望和梦想，也并非危机四伏。相反，通过创造新的价值观，可以实现将人们从物欲中解放出来的充满丰富人性的社会。

其中，关键词就是人们的"自我认可解"和"自我肯定感"。

"自我认可解"指的是，当眼前出现问题时并不是依赖他人获取答案，而是通过自身努力去探索寻找答案，尽管最终答案可能会与他人不同。也就是说，我们没有必要获得与他人一致的所谓"正确答案"，因为人们在实现自我的过程中没有标准答案可言。

在高中之前的教育中，标准答案是唯一的，需要学生用最简明的方式给出正确解答。在考试中，学生要在规定的时间内以最快方式寻找到正确答案，这才是在竞争中获胜的手段。

但是，现实社会并非如此。在复杂交织的社会关系及社会结构中，持有各种思维想法的人们生活在其中。如果让所有人拥有相同的想法、采取相同的行为模式，整个社会就会成为乔治·奥威尔的科幻小说《1984》① 中所刻画的那样。

在差异化环境下经历出生、成长以及各种体验的过程中，人们逐渐形成了不同的价值观。基于不同价值观所得出的结论

————————————

① 《1984》是一部政治寓言小说。故事讲述的是 1984 年世界被三个超级大国瓜分后的社会场景，三个国家之间战争不断，国家内部社会结构被彻底打破，均实行高度集权统治，以改变历史、改变语言、打破家庭等极端手段钳制人们的思想和本能，并用高科技手段监视控制人们的行为，以对领袖的个人崇拜和对国内外敌人的仇恨来维持社会的运转。——译者注

不存在优劣之别，自己在历经各种试错后所得到的结论对于个人来说就是正确的。

最重要的是，不与他人进行比较，并尊重他人的答案。通过认同"当前的自己"、尊重对方而提高自我肯定感。自我肯定感就是指尊重他人的包容感。

提升"自我认可解"和"自我肯定感"，才能在百元商店模式生活的基础上形成思想理念核心。如果能够不在意别人的眼光去生活、肯定"当前的自我"，人们就会产生对自身生活方式的自信。由此，才能与物欲社会彻底诀别，实现自身所认可和认同的富足生活。

不再受到物欲的支配，拥有各种各样的"自我认可解"，满足自我肯定感，这种社会其实也并没有什么特殊之处。可以说，它们是从封建社会时就已扎根于日本社会的价值观，是我们一直坚守的生活方式。下面，我们举几个事例进行说明。

一个是"知足经济"的思维模式。这一理念因 1997 年泰国爆发金融危机时普密蓬国王倡导的"知足经济"而广为人知。普密蓬国王为缓解民众的痛苦特别是精神层面的痛苦而对佛教教义进行了阐释，指出了泰国前进的道路方向。

当时的泰国，随着全球化进程的快速发展，受到投机资本的影响，市场陷入了混乱。为了阻止市场混乱，需要人们采取有节制的行动，作出合理的判断，提高不受环境所操控的免疫力，形成独立自主的人格。作为国家而言，需要形成不依赖于世界经济的经济结构，构建提高本国自主经济能力的经济社会样态。

日本佛教经济学家安原和雄，从20世纪90年代到21世纪前十年一直倡导"知足经济"。安原和雄认为，在泡沫经济破灭后，日本经济不应恢复原态而需要形成新经济，遵循这一理念最终实现的就是"知足经济"。这种经济模式并不追求与自身不相符的总量增长。这是重视全球化环境时代的经济思想，其思想根基就是"知足、简朴、非暴力"等思维。原来的"市场化货币化的价值"与"非市场化非货币化的价值"形成良好的平衡，这种理念与百元商店模式的理念是相通的。

我们再回溯历史，16世纪在日本传播基督教的弗朗西斯科·沙忽略，对日本人饮食生活的简朴和节俭感到震惊，并向本国书写信件介绍了情况。欧美人享受着奢侈饮食生活但仍感到不满足，而日本人过着可称之为粗茶淡饭的饮食生活，却没有任何一个人感到不平和不满，始终恪守着节俭节约原则，他在信中对这种生活态度感到震惊（彼得·米尔瓦德：《沙忽略眼中的日本》，讲谈社学术文库）。

此外，日本文学家中野孝次所著的《清贫思想》在泡沫经济破灭后成为畅销书，书中指出日本人历经数个世纪已将"清贫"作为主要信条。

　　日本具有俭朴节约的传统。这些传统中蕴含着能够创造丰富生活的力量（DNA）。这恰恰是百元商店模式所追求的价值观和生活方式。这种价值观绝不是在 21 世纪突然产生并得到践行的。

　　相反，增长至上主义正是在近代化之后的 100 年，具体来说，就是二战后至复兴阶段的过程中所倡导的推进美国式生产生活方式作为日本社会奋斗发展方向的"异质性思维"。它是在 40 年较短时期内传播并形成的价值观。

　　在受东日本大地震影响，生活必需品的供给网络被切断时，受灾者井然有序地排队领取物资的场景博得海外民众的惊呼以及赞扬。同样，在新冠疫情扩大时，日本国民也能冷静地对待市场防护口罩供应不足，配合政府实施长期的自律防控要求。有些国家在紧急事态下经常发生的恐慌、暴乱等现象，日本完全没有发生。享誉世界的社会公德心，正是得益于日本知足思想的基因支撑。

　　21 世纪并不是物欲竞争的时代，而是相互提高社会公德心、尊重和平共处和多样性的时代。联合国可持续发展目标（sustainable development goals，SDGs）所体现的价值观容易为日本国民所接受，在弘扬推广 21 世纪价值观方面，日本应当成为榜样国家。那么新的价值观是什么呢？我们将在下一节进行论述。

二、从劳动到工作、从竞争到协调、从所有到共有、从信用到信赖

百元商店模式经济社会并不是人们基于"自我认可解"、购买低价格商品而获得"自我肯定感"就可以实现的。否则，那就仅仅是简单的行为方式变化。资本主义社会所孕生的价值观，如将竞争及增长至上主义等视为资本主义前提条件的思维，转变这些思维和价值观才是实现百元商店模式经济社会的路径，也是所应实现的新型社会的基础。

资本主义社会孕生的价值观中还包括"劳动""竞争""私有制所有""信用"等。这些价值观形成的根基就是，唤起了人们内心的欲望、创造脱离客观实际的"无法实现的价值"的增长至上主义。

百元商店模式撼动了增长至上主义的根基，并形成了新的发展基础。"劳动""竞争""私有制所有""信用"等被重新认识和研究，增添了符合 21 世纪社会的新内涵等。

（一）"劳动"转变为"工作"

在资本主义社会，人的劳动被商品化，人们以付出劳动为代价获得报酬用以维持生活。换言之，人们只能作出唯一选择，即采取受到工作束缚的生活方式，出卖自身的劳动力以获得报酬维持生活。

经济高速增长期的日本人被其他国家民众称作"经济动物"，因为日本人看起来像是将追求利润视作第一生存要义的动物。"经济活动为主、个人生活为次"，就是当时受到资本束缚的日本国民所持有的理念和态度。

当时为了从战后废墟中摆脱出来，日本顺理成章地选择了工业化道路，日本也由此成为 GDP 世界第二的经济大国。追求物质的丰富绝对不是什么坏事，因此挥洒汗水辛勤劳作被视作美德。今天日本的富裕，就是当时的劳动者辛勤奉献的结晶。

但是，在物欲得到极大满足的今天，我们所期望的是将"崭新富裕的社会"传继给下一代。

日语"工作"（hataraku）一词原本的含义是"停止的东西突然运转起来"，后转为驱动身体以及劳动的含义。按照通俗的理解，该词是由身边（hata）和快乐（raku）两个词语组合而成，具有让周边快乐的意思。的确，人们越是辛勤认真地工作，越会给周边的人带来快乐幸福。由此也引申出企业的社会贡献、地区贡献等解释。

如果通过自身的劳动能给他人带来幸福，乃至为整个社会作出贡献的话，那么我们就会体会到自身劳动所具有的意义以及价值。其实，这也并不是什么新理念。消费者购入产品和服务加以使用、利用，生活会变得更加丰富，更加令人满足。

仅仅通过将理念的核心由此前的"通过劳动获得报酬享受富裕生活"意识，转变为"自身劳动能够丰富他人的生活"意识，我们所看到的景致就会发生变化，价值感也会油然而生。这种思想意识的变革不仅适用于商业，还适用于提振地区社会活力。

（二）"竞争"转变为"协调"

在市场经济中"竞争"非常重要。正因为存在企业间的竞争，企业才会不断生产新产品、提高产品质量、降低产品价格、改进产品服务。也正是因为存在竞争，才会产生技术创新（技术革新），不断提高人类的生活水平。

这种竞争永不停止。因为竞争是相对性的，只要存在对手，竞争就会持续，就一定会产生胜利者和失败者。

　　如果存在多个竞争者，那么胜者就只有一人，其他的竞争者都沦为失败者。亚军以及季军等完全没有任何意义。特别是在 IT 相关市场中，一家企业遥遥领先而其他企业只能步其后尘、望其项背的情形并不鲜见。人们一旦被纳入竞争社会，将会永久持续地保持竞争，并被区分成小部分胜利者以及其他众多失败者。不平等就会由此产生，并形成"格差社会①的温床"。差距的无限循环开始启动。

　　因此，最重要的就是，社会如何摆脱"差距的无限循环"。而摆脱方法只有"协调"这种方式。协调指的是共存，是对社会弱者施以援手的理念及包容性、对多样性的尊重以及对异文化的理解。

　　"共存"并非说说那样简单。之所以这样说，是因为不仅是自己的家庭，乃至朋友、学校、公司、地区等，以及历史文化、传统、价值观等各异的世界各国，都需要寻求"共存"。

　　此外，我们也需要对当今世代以及未来世代进行各种长远思考，要让下一世代能够享受到我们所享有的富足。只有同时实现"代际内公平性"和"代际间公平性"这两个目标，才

　　　———————————

　　　① 格差社会是指社会上的民众之间形成严密的阶层之分，不同阶层之间经济、教育、社会地位差距甚大，且阶层区域固定不流动，改变自己的社会地位极难的一种现象。——译者注

能够实现"共同生存"。这种思想理念与联合国可持续发展目标理念是相通的。此外，它还与笔者的毕生事业——和平经济学实践是互通的。

"经济"这一词语，来自中国古典文献中的"经世济民"一词，蕴含着"治理国家、救助民众"的意义。

因此，经济学的目的就是稳定国家、富足国民生活。但是，当今的经济学及经济政策越是加以贯彻实施，越会加剧形成国民、社会、企业之间的差距。这与经济学的原本目的是完全背道而驰的。

和平经济学是为了实现经济学"经世济民"的本来目的而形成的理论与实践方式。治理国家、实现国民富足都与追求和平相关联，因此被称作"和平经济学"。作为和平经济学必要的要素和概念，我们需要将"循环""可持续""地区自立"三者有机结合起来。

（三）"私有"转变为"共有"

资本主义是以"私人所有"为前提的，经济的富裕程度通过拥有私有财产的数量加以衡量。物质欲望越强，私人所有的物品越会增多。但是，在物欲减少的当今社会，我们不应继续坚持物品的私人所有，而需要强力推出取而代之的价值观，这就是"共有"理念。

在增长至上主义中，价值所在不在于是否使用物品，而在于对物品财产的所有权。例如，一个月只使用几次的高级汽车，每年穿不了几次的高档品牌服装，就是典型的例子。

但是如今，人们想方设法大力推进只在必要时使用物品。例如，日本政府也在大力倡导以共享汽车为代表的共享经济。

物品的共有共享是百元均一模式时代的生活智慧。对于一样物品，自身只在必要时使用，其他时间供他人使用。经济学中表述特定物品效用的"使用价值"，其样态正在发生着变化。

这种变化，不仅规定了欲望型资本主义社会的内涵，还撼动了用价格体现的"交换价值"法则。现今二手商品市场的繁荣，就是最佳的佐证。当初新品销售时高达数万日元、数十万日元的物品，被降低到可用合适价格购入的价格水平，然而这些物品的装饰、随身携带、消费等使用价值却没有发生任何变化。

同一件物品所拥有的"使用价值"和"交换价值"双重价值都发生了变化。为了个人使用而购买的商品，可以被多人使用，或用于不同用途。如果两个人使用的话，作为交换价值的价格则会降为一半；如果三个人使用的话，价格则会降为1/3。

这与以扩大再生产为前提的增长至上主义原则是相抵触的。

资本主义经济是以"如果是在同一市场同一时间，那么相同的商品价格也相同"这一经验法则为前提的。这就是经济学所说的"一物一价法则"。

如前所述，百元连锁商店还经销着大型知名厂商的产品，由此我们可以容易地了解到"一物一价的法则"并不完全通用。百元商店模式中的物品交换，实质性地撼动了"一物一价法则"。经济学当前也处于交叉路口。

（四）"信用"转变为"信赖"

词典查询的"信用"意指"相信并加以使用。通过对当前行为的思考判断，推测将来一定会履行约定并予以信任"（《广辞苑》第五版）。也就是说，"信用"是指并非有确凿证明，而是通过推测信任对方。我们可以认为其是单方面的一厢情愿，或者也可以说是一种赌博。

银行将数倍于储户存款金额的资金借贷出去的"信用创造"，在买卖、雇用等合同中将货币的支付约定为后期支付的"信用交易"等，现代社会都是通过"信用"得以维系。因新冠疫情而开始大幅流通的信用卡支付及各种无现金支付等，也都是信用交易。

　　特别是信用卡决算，可以通过多重债务等方式购买超过自身实际资产额的物品。这就形成了这样一种机制，即企业相信消费者会在后期支付货款、也有能力支付货款，从而对消费者实施借贷。但如果恶意使用"信用"这个前提，就会产生欺骗和被骗等欺诈行为。

　　因此，信用伴随着风险。如果是家庭成员或者朋友、同志，或许风险还可以控制在较小范围内。但在全球化经济跨越国境的企业间交易及网络交易中，如果过度使用信用，可能会蒙受巨大损失。增长至上主义也增大了这种风险。

　　相反，"信赖"意指"信任并依靠"（《广辞苑》第五版），因为相互非常了解而形成不计较得失的关系。特别是在可视关系中，会出现迷恋长期构建的关系及对方的人格，与企业理念产生共鸣而购买商品和服务的行为。即便最终蒙受了损失，也不会批评指责受到对方欺骗，反而会伸出援手然后与对方共同前行，这就是可信赖关系。

　　"共存"关系或许就是全球化社会所需要的价值观。当前，资本主义的主要关键词从"信用"转变为"信赖"的时机已经到来。

　　百元商店模式重塑了此前人们顺理成章使用的各种概念，同时还对其附加了新的含义，丰富了人们的生活。此外，新冠疫情事实上也推动了百元商店模式的生活方式得以普及。

　　新冠疫情夺走了很多人的生命，造成经济停滞不前。在此过程中，人们学习在新型社会中生存的技能并不断前行。新冠疫情所带来的新探索，绝不只是一种消极性的选择，它正在推动实现我们所勾勒描绘的社会。

三、日本经济是正在面临危机还是正在再生

　　在此，我们再探讨日本经济所面临的形势。

　　依据传统的经济增长理论，可以认为当前日本经济正在走向"危机"。未来随着人口减少，经济持续低增长，可以预见日本 GDP 规模将持续缩小。但是，考虑到日本正在新价值观下构建着新型经济社会，我们也可以认为日本经济社会正在走向"再生"。在此进程中，最重要的是"思想理念的转变"。

　　不过，这里的"再生"并不意味着恢复原有状态，而是构想较以往更佳的状态，实现完全重生意义上的"再生"。它并不是回到过去那种以物欲为前提的资本主义社会，而是要推动社会向"以人为中心"转变。

　　这种转变并不需要能引起社会变革的运动，只需每个人提高"认可感"和"自我肯定感"即可实现社会变化。

　　人们的生活方式、行动模式发生变化，企业就会提供相应的商品和服务，政府和行政部门也会配套改革法律和制度。也就是说，政府、行政部门、企业都将不得不随之作出改变。

　　这里需要的是思维转变和向前迈出一步的勇气。通过思维的转变，可以从不同于以往的视点和视角来捕捉、分析社会中产生的现象以及人们的行为。

四、如何在百元商店模式社会中生活——去增长式生活

　　如前所述，实现百元商店模式社会中的生活方式也并不是特别困难。

　　当我们对在他人铺就的轨道上前行的生活方式存在疑问时，就可以尝试进行自问自答，"自己想怎样生活""想在什么样的社会生活"。

　　当我们对眼下的生活感到些许矛盾时，就去思考如何才能够解决存在的问题，并将获得的答案付诸行动即可。

　　当我们感觉眼前遇到壁垒、障碍时，我们不能采取"但求平安无事"的消极主义态度，只要不在意他人的评价，与压抑自身的生活方式彻底诀别即可。

初期我们可能会感到恐惧和不安。但即便如此，我们也要鼓足勇气，哪怕只向前迈出半步，就可以走上与既往完全不同的人生之路。

正如人们担心年金制度会破产那样，任何人都无法确保政府和企业能够永远为我们提供保护。与其信赖他人，不如面向自己勾勒描绘的未来勇敢地迈出半步，这样我们才不会感到后悔。相较于付诸行动，人们在未采取任何行动时的后悔感会更加强烈。

尽管如此，想必人们一定会存有疑虑——那种生活方式果真能够实现吗？到底是否真的有人亲身实践呢？针对这些疑问，这里介绍几个实践案例。

"半农半 X"是"半农半 X 研究所"负责人盐见直纪创造的词汇，似乎是从居住在屋久岛的作家、翻译家和环境活动家星川淳先生的"半农半著"生活方式中获得的灵感。盐见先生所倡导的"半农半 X"是指"顺应天意过着低调生活、将天赐之才发挥于世的生活方式"。

"天赐之才因人而异。每人都拥有自身的 X（未知之能）。顺应天意的生活意味着与大量生产、运输、消费、废弃相诀别的循环型社会。天赐之才是指每个人分别拥有的个性、优点和特长。天意和天赐之才（X）的两种实践，正是在当今艰难世道中长久生活下去所必需的。"

说到天意、天赐之才等，人们或许会认为"这似乎与某种宗教有关联，是种比较奇怪的思想""天赐之才也只是将才能赋予一小部分天才，与我自己没有多大关系"。对此，盐见先生指出，它们分别寓意"低调的生活"和"富有充实感"的使命，是一种"能够做自己最喜欢的事情并生活下去的社会"。这正是所谓的"自我认可解"和"自我肯定感"。

"半农半 X"的本质就是"减法生活"。其思想理念的基础就是尽管收入减少但内心收获得到增加。例如，购买物品的判断标准是，"它是否必要""是否能够长期使用""它是我们的毕生所求吗""它是否考虑到了他者以及环保"等。总之，判断标准就是将物欲抑制在最低限度内。只要能做到这一点，即使人们收入减少了，但如果不再购买无用的物品，只购买真正需要的东西，内心也会得到满足。此外，如果减少物品的购买，还会相应减少垃圾的产生，这对自然环境也是一种保护。

另外，减法生活的思想理念，还会对人们的工作态度造成影响。劳动时间减少，人们的时间利用方式就凸显出重要性。结果就是，人们需要对工作进行"选择和集中"。这个工作是自身真正需要的工作（或者是自身不得不从事的工作），还是惯性承担的工作（或者是他人也能从事的工作）。如此加以思考，人们对工作的使命感就会油然而生，进而增加对工作的价值感和充实感。

既然是半农，自然需要从事农业生产。实践这种生活方式的人自然地生活，对自己的成长和他人都有帮助。这种生活方式不仅能够让周边的人感到快乐，还能够促进地方经济的活跃化，甚至有可能提高粮食的自给率。

这些就是盐见先生"半农半 X"思想的目的以及优点。

现今的日本农业，特别是都市近郊的农户大都是兼业农户。兼业农户和"半农半 X"之间并没有很大差别。按照盐见先生的阐释，"兼业农户的人们如果从事工作、参与志愿服务以及自治会等地域活动等'X'型的事务，那也可以称作'半农半 X'"。按照这种理解，实践半农半 X 方式的门槛大大降低（盐见直纪：《半农半 X 的生活方式》，索尼杂志新书）。

受到新冠疫情影响，远程办公方式日渐普及，移居地方的人们异口同声地表示"希望利用空闲时间做自己喜欢的事情"，也就是说空闲时间等同于"半 X（或许尚非半农）"。"半农半 X"因新冠疫情影响而自然地产生，并具有不断扩大的可能性。

"减挡"是指放慢工作的节奏，而转向有闲暇的生活。其源自将汽车的挡位降低一挡，进而转义为"切换生活的挡位"

思维。这是一种尽可能地将消费抑制在低位，取而代之的是采取虽然收入有所减少但获得充实感的俭朴生活方式。

如果生活充满物欲的话，人们就会不断地追求高收入。结果就是，自身被卷入激烈的竞争中。因此，"减挡生活"就是放弃那种踩满油门的生活方式，而采取踏踩刹车的生活方式。

收入虽然减少，但人们得以从压力过大的工作中解放出来。另外，人们不再购买不必要的物品，不再过着奢侈生活，因此也不需花费太多金钱。人们的生活转变为俭朴但充满幸福感的生活方式，从那种出人头地的竞争社会中摆脱出来。

实践这些社会性行动的人们，被称作"减挡生活者"。

实际上，笔者就有朋友辞掉了著名百货公司的工作，开设了"有机食品吧"（朋友本人是这样告诉笔者的，但笔者怎么看都像是一间居酒屋）。他每周休息两天，虽然收入仅有在百货公司工作时的一半，但因为减少了无谓的支出，存款依然能够维持在相同水平。他甚至因"希望拥有更多的时间"，而决定每周休息三天。

最后他关闭了"有机食品吧"，开始在农村耕种田地过着基本属于自给自足的生活。最低限度的收入，主要来自他自己创立的 NPO 法人收入、改建古旧民居经营旅馆住宿以及担任大学非常勤讲师等获得的收入。只要能够生产出足够 1 年食用的稻米，不仅生活不会窘迫，而且"自信能够很好地生活下去"。

这些"半农半 X""减挡生活"的实践者，原本都生活在增长至上资本主义社会中。但是，他们对自身生活和社会现状感到困惑，为了获得"自我认可解"和"自我肯定感"，摸索着去做自己真正想做的事情，进而到达了当今境地。在当今世界中，践行着各种各样的"自身独特生活方式"的实践者大量存在。

五、百元商店模式下的可持续发展目标

2015 年，面向实现可持续发展的多样性包容性社会，联合国提出了 2030 年前国际社会发展目标——联合国可持续发展目标（SDGs）。这一机制呼吁"不让地球上任何一个人掉队"。

联合国可持续发展目标是由 17 个发展目标、169 个实现标准，以及 232 个发展指标构成的国际性开发目标体系。其中，17 个发展目标包括贫困、饥饿、人权、福祉、教育、经济、和平、地球环境等类别，覆盖各种领域面临的课题（见图 4 - 1）。整个世界都认识到当今的资本主义存在的局限和问题，认为需要规划设计新的发展愿景。

图 4 – 1　SDGs 的 17 个目标

资料来源：联合国资料。

当然，仅仅通过联合国可持续发展目标，并不能彻底解决全球范围存在的问题和课题。特别是在以物欲为前提的资本主义模式下，有批评意见认为这只不过是弥缝之策。假设企业高度强调实施可持续发展目标，那么即便企业没有为保护地球环境做出根本性的努力，也可因此而免遭各界批评。这些企业只是为此做做样子而已。

若要真正实现可持续发展目标所倡导的理念，就需要个人、企业、地区乃至国家从源头上改变生活、行为以及生产的方式，甚至需要对资本主义本身施行改革手术。例如，中国台湾积极推动企业采取切实举措落实可持续发展目标，明确提出达到可持续发展目标的上市企业占比要跻身全球三甲。资本金

20 亿台币以上的上市企业需要明确有关可持续发展企业目标已成为义务，严格要求企业在考量社会和环境问题的基础上开展企业经营。

如果企业不重视可持续发展目标，将会面临资金筹措的困难。因为与可持续发展目标相关的债券市场规模正不断扩大，企业如果不采取有效措施应对社会和环境问题，则存在难以获得投资的风险。

轻视国际社会可持续发展目标的企业还会面临抵制购买、承受各种社会制裁的风险。过去曾引发环境破坏和社会问题的企业，时至今日仍然遭受着抵制购买和制裁。在人们将目光聚焦于构建可持续发展社会的进程中，当前那些对环境和社会问题持消极态度的企业，都有可能成为抵制购买以及制裁的对象。

此外，中国台湾发达的电子电机产业也在积极地落实可持续发展目标相关举措。苹果公司产业链中的上、下游企业，都强烈要求零部件的供应商落实联合国可持续发展目标的相关措施。未来，轻视国际社会可持续发展目标的企业将难以顺畅地与其他企业合作。

不得不说，相较于中国台湾，日本企业的应对方式以及资金筹措方法还较为落后。但是，如果苹果公司这种全球化企业对联合国可持续发展目标采取积极应对措施的话，日本也势必追随这一潮流。

那么，百元商店模式社会与联合国可持续发展目标之间是一种什么样的关系呢？一言以概之，联合国可持续发展目标所提出的目标要求与百元商店模式社会的发展内容高度吻合。

日本百元商店模式是从低欲望社会中产生的，换言之，它是一种即便是低收入社会（贫困国家）也能实现"智慧的生活方式①"的社会样态。第二次世界大战后，贫困主要是指过去那种物质不足的状态，而现今随着人们在生活方面的选择越来越多，其含义则变为是否能像正常人一样生活。

在百元商店模式下的社会中，人们即使在低收入状态下也不会受他人生活方式的左右，而坚定地选择能够实现"自我认可解"和"自我肯定感"的生活方式。总之，这并不是一个创造物欲的社会，而是一个创造新价值的社会。这种观点与联合国可持续发展目标"不让任何一个人掉队"的理念有共同之处。

因此，随着深化落实可持续发展目标的相关举措，将推动

---

①　这是一种平等、自由的生活智慧，是指在循环往复的变化中，用适合的方式思考自我价值、寻求人与人、人与环境和谐相处、可持续发展的可能的生活方式。它拒绝浮夸和浪费，倡导以一种更真实的态度生活：重视生活中真正重要的东西，这样就不会有太多不必要的压力，活得比较舒服。

社会向百元商店模式下的社会样态发展。目前，世界正在不知不觉间向百元商店模式社会迈进。正如第一章所述，随着日本的百元连锁商店模式在全球范围内扩展，世界各国都涌现出本国的价格均一连锁商业企业。这种模式日益植根于人们的生活中。另一方面，GAFAM（美国五大科技巨头）等超大型企业支配着市场、攫取着巨额财富也是客观事实。这些平台型企业（利用互联网将经营各种商品和服务的企业集中于共同的平台向用户提供服务的企业）的存在，排除了时间、空间、距离的制约，形成了可以对个人和企业随时随地提供信息的平台。这就是当今的全球化所带来的结果。当然，受到全球化恩惠的并不仅仅是这些平台企业。充分发挥全球产品链效能的百元连锁商店，也享受到了全球化的恩惠。

第五章

对百元商店模式社会的
再思考

一、 "孤零零的独户房屋"是否象征着
终极"缺失 D 的社会"

日本朝日电视台有一档"孤零零的一栋房屋"电视节目，具有很高的人气。节目聚焦孤零零存在于日本各地远离人烟处的独户房屋，介绍是什么人出于何种理由在此生活，直击其波澜曲折的人生。

在独户房屋居住的人们，乍看并没有对看似不便的居住环境感到不满，也并不想搬迁到都市中去生活，他们并不排斥与社会的联系，而是与社会保持着密切的联系。

观看节目时我们感受到，他们并没有被时间所驱使，而是自由地掌控时间自主生活。他们的生活方式对当今社会提出了一个替代性选择，如果从其他视角来审视的话，他们就是前述的"半农半 X"的实践者。该电视节目给了我们进行思考的契机，认为"扩大再生产 = 经济增长"最为理想这种思维理念及生活方式果真是真正的富足吗？这个节目告诉我们，即便在"缺失 D 的社会"中人们也能快乐地、富足地、悠闲地生活。

在二战后的物资匮乏时代，人口增长使得经济规模扩大，并与经济发展（GDP 增长）紧密联系在一起。当时，人口增长确实是经济增长所必需的要素。

而 21 世纪是运用人工智能技术、以数字化转型为核心的社会。创造力不仅体现在产品制造方面，更表现在创造新产业、推动社会发展等方面。

政府和媒体都将人口减少视作重大的社会问题，认为地方的过疏化①、经济的衰退、年金问题等都成为重大的社会不稳

---

① "过疏"主要是与"过密"或"适疏"相对而言的概念，是指因地域人口的减少，导致维持此地域最为基础的生活和生产的人口条件出现了困难。学界一般将这一变化过程称为"过疏化"，把处于此种状态的地域称为过疏地域。"过疏化"实际上是人类文明发展进程中必须承担的社会后果。——译者注

定因素。但是，我们真的需要维持现在的人口规模吗？

在测算地球环境负担的指标中有一个"生态足迹"（eco-logical footprint，EF）指标，它表示维持人们生活所必需的人均农地、吸收二氧化碳的森林等土地保有面积。

世界自然保护基金会（日本）2017 年发表的数据显示，日本人均 EF 居世界第 38 位，基本与法国持平，是印度的 3.6 倍。如果全世界的人口都维持与日本人同样水平的生活，那么至少需要 2.9 个地球。

地球的适度人口规模应该是多少呢？日本生态协会的测算数字约为 45 亿人，而日本的适度人口规模约为 5500 万人。日本社会保障人口问题研究所测算，2065 年日本人口规模将减少至 8808 万人，但即便如此，仍较适度人口规模高出了 3300 多万人。日本政府为了保持稳定的人口结构，希望将人口规模维持在 1 亿左右的水平（《经济财政运营与改革的基本方针（2014）》）。

日本的人口规模正在持续下降，预计 50 年后将跌破 9000 万人。听到"人口减少"，人们会感觉不安，但是如果考虑到当今人口过多的现状就不会感到那么恐惧。世界上有 200 多个国家和地区，其中日本是居第 11 位的人口大国（《世界人口白皮书（2021）》）。日本的土地面积仅居世界第 61 位，因此我们可以看出，相较于国土面积，现今的日本人口规模处于过高水平。

经济学家鬼头宏先生指出，"人口问题归根结底就是经济问题"。日本政府将人口减少视为问题，主要是出于劳动力不足将拖累经济增长这一考量，认为如果人口出现减少，现在的经济规模将难以维系从而陷入困境。

鬼头先生认为，是人口规模需要与经济规模相匹配还是经济规模需要与人口规模相适应，如何进行策略决策将影响人口规模上限。从人类 500 多万年的发展历史来看，日本所直接面临的人口减少现象并不是首次出现。各个时代的人口规模，都是由粮食和能源的产量所决定的。

鬼头先生指出，如果人口规模下降、经济规模缩小，就会引发某些大问题。但是，如果每个人粮食有保障、人均 GDP 维持在现有规模的话，人们的生活就不会发生任何变化，只不过是经济总体规模会因人口规模下降而有所缩小而已。

也就是说，日本即便出现人口减少，只要能够构建与人口规模相适应的经济社会，那么日本国民依旧可以过上富足的生活，政府和企业也依然可以保持持续运行。

岸田文雄政府所说的旨在建立"增长和分配"并重的"新资本主义"，只不过是对增长至上主义存在的问题视而不见，而将财政赤字等借款负担转嫁于后代，采取"撒钱模式"等旧经济政策。这些经济政策既没有什么新意，也不能解决任何问题，与联合国可持续发展目标背道而驰。

我们需要行动起来，告别"规模的扩大＝增长"这个增长神话，构建足以向未来一代夸耀的经济社会。

日本的人口减少，如果将其理解为"正在向着每个人实现富足生活的适度规模迈进"，我们就绝不会认为它是不稳定因素。如果正视"缺失 D 的社会"现实、摸索崭新的生活方式，那么我们的未来将充满光明和希望。

二、在"缺失 D 的社会"中生活

二战后，认为经济增长就是寻求解决饥饿和贫困的道路，从而追求经济总量增长的国家并不仅仅是日本。世界上拥有相同价值观的国家从 20 世纪后半叶开始进入全球化浪潮，并进一步加速其进程。在"增长"的名义下，美国式的消费文化流向了世界各地。

结果导致了一系列负面问题。人们在享受"便利且舒适的生活"的同时，传统的社区文化却遭到破坏。我们曾认为贫困是发展中国家的现象，但是现在这一问题也开始在发达国家中凸显，"新型贫困"成为社会问题。

作为解决问题的突破口，开始出现了与全球化相反的"地域化"动向，整个社会期待能够恢复被全球化所割裂的"人与人""人与自然""人与社会"之间的联系，增强地域社会的联系纽带。

追求"精神性的富裕"而非物质性的富足，构建以可持续性的自立生活为目标的社区，正在全世界范围内不断扩展。"半农半 X"及"减挡生活"，乃至"断舍离""近藤现象"等，都存在于追求"精神性富足"的潮流之中。

所谓近藤现象，是指整理收纳咨询师近藤麻理绘女士提出的整理收纳法受到广泛关注，引起很多人竞相效仿实践的现象。"近藤整理收纳法"相关整理技巧在网络上一经发布，迅速在全美国成为热点话题。"只留下心动的物品"是近藤整理收纳法的精髓。

美国人消费欲望强、住宅面积大，因此很少会进行物品整理收纳。结果就是，美国人在家居方面，因为没有进行整理收纳，家庭物品摆放散乱；因为美国是消费型社会，美国人家里拥有的物品较多；因为觉得房屋及收纳空间宽敞，容易积攒下物品。

在此背景下，近藤整理收纳法发挥了巨大作用，大大刺激了美国人的生活观。因为通过功能性地收纳大量购买的衣物等物品，能够使房屋充满清洁感、房间整体感观变好，人们能舒适地享受居家时光。

此外，美国人的志愿服务精神和环保意识相对比较强，具有捐赠无用物品的习惯，加之依据美国的税制可对物品捐赠抵扣税费，也使得人们更加乐于捐赠物品。

因此，近藤整理收纳法在很大程度上抓住了那些对"物品丰富＝幸福"、大量生产大量消费价值观持有疑问的人们的内心。"物品丰富＝幸福"这种大量生产、大量消费的价值观，是美国式的价值观，象征着欲望型资本主义。

人们开始意识到，通过采取近藤整理收纳法的精髓"留下心动的东西，区分可放手的物品"，从过度虚荣中解放出来，使得家庭和内心都更加清爽，不占有、拥有物品也能富足地生活。

近藤现象不仅仅存在于美国。《福布斯排行榜·日本》2019年5月29日号刊登了一期颇有意味的特辑。标题是《近藤现象给经济危机下的希腊带来不可思议的"影响"》。在消费意愿强烈的希腊，二手中古市场开始繁荣兴旺。即使在国家面临财政危机时仍只对新品感兴趣的希腊人，现在也开始把目光转向了中古二手品。他们开始认为，相较于不可靠的厂商生

产的新品，购买质量良好的中古品是明智的选择。特别是随着
互联网的普及以及应用软件的开发利用，人们可以方便地出售
或购买中古品。在售的丰富的中古品，成功地吸引了希腊民众
的关注。

全球化还改变了物质欲望的形态。物质欲望正在从"新
品欲望"向真正需要物品的"必需品欲望"转变。

很多人对"扩大再生产＝量的增长"感到疑惑。百元商
店模式正是从人们对充满着物欲、在意他人看法而生活的社会
所怀有的疑问中孕育而生的概念和模式。

日本的战后复兴始于将美国作为工业化的榜样。当时的美
国追求大量生产、大量消费型的生产和生活方式。不仅对于日
本，对于世界各国而言，美国模式都毫无疑问成为其学习的
榜样。

但是，日本还存在着"武士不露饿相"的价值观，即使
生活穷困潦倒，也不能与他人言之。日本重视清贫与体面的文
化，与美国式的生活方式有着巨大差别。

德川幕府第八代将军德川吉宗在享保改革（1716～1745 年）
中鼓励"质朴节俭"。一道汤和三道菜组成的餐谱"三菜一
汤"，现在仍旧是日本饮食样式的典型代表。

日本当今的生活方式是在二战后主要由美国传入的，特别

是随着全球化的深化发展得以在日本落地生根，因此发展历史还比较短。相反，"质朴节俭"却在约 300 年的历史中始终支撑着日本人的生活。

我们再把目光转向更久远之前的中国。可以看到，日本的质朴节俭传统与老子理想中"小国寡民"思想是相通的。"小国寡民"是指国家小、人民少。

在小国寡民社会中，没有过剩的知识和欲望，即便有文明的利器也毫无用武之地。人们完全满足于衣食住行的全部现状，也不想迁移到其他地区去。对应于现代社会而言，其实就是：地域内的自给自足（地产地消）；少量生产、少量消费（去增长主义）；地方地域主权（区域化）。

以往的经济政策认为人口增加是经济增长所必需的要素。例如，中国的人口规模是其国力之源。理论上，人口增加会通过增加劳动投入量而带来经济增长。20 世纪 90 年代以后，中国增加的劳动力被大量吸纳入纤维纺织等轻工业领域，为中国工业化进程作出了重要贡献。此外，通过从事汽车产业等具有更高生产效率的制造业，进一步提升了中国国民的整体收入水平。拥有巨大消费能力的中等收入阶层逐渐形成，由此创建了中国经济发展的良性循环格局。这与战后日本走过的发展道路基本相同。

日本内阁府对人口减少给经济发展带来的影响进行了研究

分析。经济合作与发展组织（OECD）国家 1971~2001 年的人口增长率和经济增长率存在缓慢的正相关关系（见图 5－1）。这是因为通过人口增长增加了劳动力、扩大了经济供给力。当人口增长率钝化或者转向负增长时，如果其他条件不变，那么总体经济的增长率将会下降甚至很可能转向负增长。

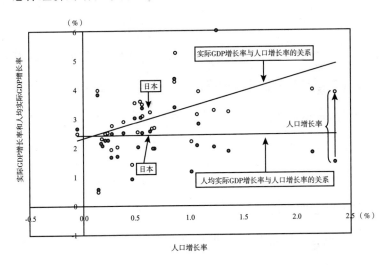

图 5－1　人口增长与经济增长的关系

注：（1）白圈反映实际 GDP 增长率与人口增长率之间的关系，黑点表示人均实际 GDP 与人口增长率之间的关系。

（2）人均实际 GDP 增长率 = 实际 GDP 增长率 – 人口增长率；白圈与黑点之间的差等于人口增长率。

（3）根据 OECD 的 National Accounts 等制作。数据为 1971~2001 年的平均值。

资料来源：笔者根据内阁府《2003 年度年次经济财政报告》制作。

但是，在百元商店模式下的"缺失 D 的社会"，因为"人口减少 = 社会的缩小化"，社会不再需要与过去同样多的劳动力，因而并不必然导致失业率增加。由于物价水平低，低收入水平者也能生活下去。随着二氧化碳排放量的降低，还有助于推动解决环境问题。

此外，如第一章所述，日本百元商店模式已在世界各地流行。GDP 至上、增长至上的思想及其经济政策，毫无疑问正处于十字路口。

法国经济学家达尼埃尔·科恩在其著作《经济增长的诅咒》（东洋经济新报社）中指出，增长至上主义就是"现代的宗教"。资本主义虽然在 21 世纪发生了变化，却始终无法消除欲望所具有的强韧性和顽固性，但是有可能将其控制在一定程度内，社会也正在朝着这一方向发展。其佐证就是百元商店模式经济社会的出现。

被新闻媒体誉为"世界最幸福的国家"——不丹王国，并未使用国内生产总值（gross domestic product，GDP）来衡量国家的富裕程度，而是用国民幸福总值（gross national happiness，GNH）来测度，这个指标不仅重视经济方面的富足，还关注精神层面的富足程度。

换言之，欲望得到满足的状态并不是真正的幸福，在平凡普通的生活中感受到幸福才是关键所在。不丹国民认为，整个国家实现幸福的前提是所有国民家庭实现幸福。

增长至上主义社会，把富裕的价值定位于购买、拥有物品等，拥有的物品数量成为衡量财富的尺度。百元商店模式经济社会并未将价值定位于数量的富足，而是对此持否定态度。不将财富多寡作为衡量尺度，正是百元商店模式经济社会的重要内容。

百元商店模式经济社会并不是通过与他人进行数量化比较来判断自身的富足程度，而是将富裕的标准确定为是否按照"自我认可解"来生活，是否能够获得"自我肯定感"。

"单人露营""单人卡拉 OK""单人烧烤"等不必刻意顾虑谁、单人独自活动的生活方式，都是这种思想的具体体现。不仅能够多人共聚享乐，单人也能够尽情发挥创意、享受充实的时光。从"量的富足"向"质的富足"转变，恰恰就是"自我肯定感"的本质。

三、思想转变是日本的生存之道

百元商店模式经济社会的目的并不仅仅是缩小经济规模，戒除超越自身需求的欲望、回归到与自身相适应的生活才是最重要的。与自身相适应的生活生产方式，可以防止大量废弃等的损失，促进地域和社会再生。这也是百元商店模式经济社会和联合国可持续发展目标有很多内容相重合的原因所在。它还与近年的紧凑型城市构想、智慧城市构想等相契合。

具有讽刺意味的是，因新冠疫情所采取的自控生活成为迈向实现可持续发展目标社会的第一步，并为实现"去增长主义"作出了铺垫。

或许有人认为，要想在这种社会中生活下去需要具备相当坚强的决心。但是，日本已是"缺失 D 的社会"，正在趋近于"小国寡民"社会。因此，我们需要做的仅仅是思想的转变。只要我们放松下来冷静思考，就会拥有崭新的视野。

在日本的产业结构中，2019 年第一产业占 1.0%、第二产业占 25.8%、第三产业占 73.1%。以往曾席卷整个世界的日本制造业，其占比已不足第三产业的一半，在日本 540 万亿日元 GDP 总额中，第三产业成为主要支柱。

我们从美国五大科技巨头也可以看到，目前包括人工智能在内的 IT 行业已经成为世界的主要产业，世界各国的 IT 企业都在竭尽全力进行技术创新。

然而，从日本的第三产业构成来看，"批发零售业"占 12.5%，"不动产业"占 11.0%，"专门科学技术及其业务支撑服务业"占 8.4%，"信息通信业"仅占 4.9%。日本始终执着坚守于产品制造，而在应成为主导产业的信息通信业，乃至人工智能、数字化转型的均衡发展方面进展缓慢。世界经济的潮流和日本经济的动向之间存在着明显的鸿沟。"失去的30年"就是没有实现思想转变所导致的恶果。

四、作为21世纪生存之道的自由技艺

2017年日本首相官邸设立的"人生100年时代构想会议"①机构，于同年12月发布了中期报告《日本2007年出生的儿童有50%的概率活到107岁》，报告迅速引发社会热议，"人生百年时代"的说法由此产生。

若想生活100年，就需要拥有不拘泥于既有价值观的自由理念，以及构想人生百年时代的宏观设计能力。这种能力就是支撑构想、创造未来社会能力的自由技艺。

自由技艺来自"Liberal + Arts"，是指让人类自由的技能，日语中还会被翻译为"素养"。

自由技艺的理念源自古希腊、古罗马时代。在古希腊，城

---

① 2017年9月日本政府牵头成立了"人生100年时代构想会议"机构，直接指导和参与有关日本人生100年时代的制度设计，规划百年人生时代的战略发展道路，讨论怎样的经济社会制度才能够使各年龄层次的人都充满活力地生活与工作。该机构由日本首相担任议长，各部大臣作为主要成员，另外邀请社会经济界、学界、文化界等代表作为该机构委员。——译者注

邦共同体的成员分为自由民和非自由民（奴隶），自由民可以享有提高自身素养的教育。文法学、修辞学、逻辑学、算术、几何学、天文学、音乐是成为自由民所必备"自由七科目"。

当今，生活在以自由为主基调的社会中的我们，自然认为我们是自由生活着的。但是，我们为了生活，将自身劳动力作为商品提供给资本家而获取报酬。人们将大量时间花费在工作上，无法从劳动束缚中解放出来。生活在欲望型资本主义社会中，如果人们想满足更多的欲望，自身就必须向资本家持续提供劳动力。

受新冠疫情影响人们无法打零工，因此从大学中途退学的学生数量激增。在现实社会中，如果没有金钱，那么持续坚持学业、过上（物质）富足生活等都将无法实现。

我们现代人，除了一部分富裕阶层外，都不是古希腊、古罗马时代所说的"自由民"。要度过"人生百年时代"的我们，如何才能成为自由民呢？那就是掌握与在21世纪生存相适应的自由技艺。

21世纪的自由技艺，是指人们掌握的对事物的看法和想法，以及人生的生活方式等技能。对事物的看法是指并不是从单一角度去看待事物，而是进行多方位研判。对事物的想法是指不被他人的意见所左右，而要善于自我思考，具有坚定的信念。人生的生活方式是指在漫长的人生道路中如何更好地生活，不是按照他人规划的轨道前行，而是拥有按照自身规划铺就的道路生活的意志和勇气。

人工智能（artificial intelligence，AI）有助于人们掌握现代的自由技艺。关于人工智能，目前尚无明确的定义。根据日本总务省解释，人工智能是指按照与人类思考过程相同的方式进行运转的程序或者使人类感到智慧的信息处理技术。也可以将其视为从规模庞大的信息中发现适切的信息并为人们提供最优解的技术手段。

然而，仅仅收集信息是不会产生任何价值的，从适切的信息中创造价值的就是数字化转型（digital transformation，DX）。日本经济产业省在 2018 年发表的《推进数字化转型指针》中，对数字化转型进行了如下阐释：

"企业为应对商业环境的急剧变化，充分运用数据和数字技术，根据顾客和社会的需求，在改革产品、服务及商业模式的同时，促进业务本身、流程、企业文化及风土的变革，确立竞争优势。"

也就是说，运用人工智能技术从世界上存在的庞大数据中获取适切的信息，通过数字化转型来创造新的价值。

不仅是对企业活动，人工智能及数字化还会给个人的生活方式带来变化。如果每个人都通过人工智能充分实现数字化转型，就能够实现以前曾经放弃的梦想和理想，进一步充实自身的"人生百年时代"。也就是说，人们能够通过人工智能和数字化转型来掌握 21 世纪的自由技艺。

五、崭新行为方式的时代

人们因新冠疫情而发现了崭新的生活方式和崭新的工作方式，以及享受人生的新方式。10 年前、20 年前我们曾经梦想的事情，现在已经豁然展现在我们眼前。

我们从新冠疫情中学到的经验是"勇敢地挑战可能性"。此前的日本社会所面临的问题是，在挑战面前"能或不能"的问题。如果计算可能性的成功率及失败率，那么只要有丝毫风险，人们就会止步不前。这就导致以 IT 行业为代表的日本科学技术和经济实力与世界的差距不断扩大。

因此，最为关键的是思考"如何才能取得成功"并付诸具体行动，而不是"能或不能"。在远程办公迅速普及时认为"事情其实并不如想象的那般困难"的人，想必不仅仅是笔者吧。如果挑战失败了，那么就检视反思其原因加以改进，并再度进行挑战。这就是我们从新冠疫情中获得的宝贵经验。这也就是前文所述的"正向评价式适度原则"。

在百元商店模式经济社会中，人们拥有自由的思想，孕生出新的价值观。每个人都按照自己的"认可解"来采取行动，而并非参照标准化的样板。"尊重多样性"和"理解异文化"变得越来越重要。

社会学家桥本努先生在其著作《消费极简主义的伦理与脱资本主义的精神》（筑摩书房）中，对"不拥有物质的富有"进行了阐释。人们通过不购买物品等方式，从为了购买物品而工作并为此操心劳累的生活方式中恢复自身主体性，并从资本主义的枷锁中解放出来。

不是选择购买自身不需要的物品来炫耀富有的生活方式，而是选择为实现理想而行动并从中体会到充实感的生活方式。如果为了炫耀富有而购买消费物品，就需要有过剩的资金。而若是以实现梦想为目标的生活方式，那么只需必要的最低限度资金即可。"单人"行为模式，就是典型事例。

争论数字转型社会的好坏完全没有意义，因为数字转型社会迟早会到来。问题在于我们应如何有效地将数字转型效能充分运用于社会的发展中。这不仅是为了创造出新产业，更是为了使21世纪变得更加美好、人们的生活更加幸福，因此，积极思考如何更好地发挥数字转型效能是重中之重。

对于百元商店模式经济社会而言，人口规模和经济体量的庞大并不是问题。令每个人都能够实现自我，构建具有丰富创造力的环境才是最重要的课题。为此，政府需要投资以完善其基础设施。

具体而言，就是助力改善生活方式和生活环境，加强能够让 DIY 和"单人"行为更加焕发光彩的环境建设。通过不断积累，使得"欲望型资本主义"从内部瓦解，促进在各地区形成具有多样性的富足社区。

六、让每一个主角都自豪地相互赞赏

听到给社会带来变化的行动，想必大家会想到"我自己能够做些什么呢""自己单个人的行为可能不会带来任何变化"。这就是前面所说的"能或不能"的思维方式。

改变世界的并不是政府或者男英雄和女豪杰们。过去的社会变革，乍看会认为都是由具有非凡创造力和行动力的领导者所带来的。其实，在实现社会变革前，已经有无数甚至没有留下姓名的前行者进行了常年的行动积累，而并非通过某位卓越的领导者所达成的。

21 世纪，是每个人都成为主角的时代。百元商店模式经

济社会是通过每个人实现其自身梦想而得以具体化呈现的。每
个人的梦想是通过私人的时间和空间实现的，如果把时间和空
间与家人及友人共享的话，则会产生更广泛的联系。与居住在
同一地区的居民、公司的同僚、工作同事等形成共同体，这些
小的共同体在各地出现，如果形成网络化就会诞生新的地域社
会，进而促进地区的振兴发展。

　　人们实现"自我认可解"、获得"自我肯定感"，并相互
联系起来的话，就会形成共同体。人们足以为此感到骄傲自
豪。获得"自我认可解"和"自我肯定感"的人，内心会变
得宽广，不再会嫉妒、怨恨他人。内心宽广的人还善于称赞他
人。因为他们对自身行为拥有自信和自豪感，所以能够宽容地
对待他人（见图 5-2）。

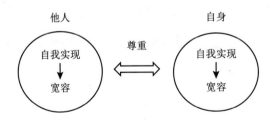

图 5-2　内心宽广者对待他人宽容

　　而内心狭窄的人，则会妒忌他人的成功，甚至动辄拖他人
后腿。这是因为他们是在他人铺就的道路上盲目地前行，因而

难以获得"自我认可解"和"自我肯定感"。

我们举个事例来说明。在 INS（Instagram 社交软件）上搜索"#百元均一""#3coins"等关键词，即可清楚地查询到各种可用 100 日元或 300 日元购买的物品及其使用方法，帖子总数约 170 万条，超过 54 万条帖子评论"非常棒!"（2022 年 7 月）。发帖者们将自己发现的物品、制作的物品上传网络，共享充实的生活并相互点赞。可以说，这些都是获得"自我认可解"和"自我肯定感"的人们所采取的行动。

能够宽容对待他人的社会，正是我们所致力追求的社会。百元商店模式所要实现的目标，正是这种以人为中心的社会。

最重要的是，我们需要拥有迈出第一步的勇气。

之所以以前我们未能实现，只是因为我们没有去做，或者说，是因为我们总是认为自己做不了。

随着新冠疫情导致居家时间增加，越来越多的人认识到只要给日常生活增加一些变化就会获得"自我认可解"和"自我肯定感"。日本企业也在积极地推进远程办公等方式，改变经营模式。受新冠疫情影响，人们迈出了 DIY 这个"富有勇气的一步"，进而改变了自身的周边环境。

因此，百元商店模式不仅能摆脱增长至上主义，更能够成为创造崭新的日本社会的基石。

七、回归原点

　　"去增长社会"是怎样一种社会形态呢？笔者将其称作"充分发挥数字化转型效能 $D^\%$（D 的 $\%$ 乘数）社会"。"充分发挥数字化转型效能的 $D^\%$ 社会"是指要畅想梦想（dream）、追求梦想（desire）、实现梦想（demand）的社会。因此，这种社会形态不仅要恢复因欲望型资本主义所失去的三个 D，更要创造崭新的社会。

　　$D^\%$ 是指只要有人的数量（$\%$），D 就是无限存在的。为了实现这一目标，就需要充分发挥数字化转型社会的作用。不是按照他人铺就的轨道去生活，而是自身作为人生主体进行思考和行动，这才是最重要的。

　　要成为人生的主体，必须确立"以自我为轴心"意识。以自我为轴心是指发现与自身相适的价值观，并根据价值观开展行动。我们也可以认为是"坚定不移的决心"。按照他人铺就的轨道前进，按照他人所说的方式生活，并在其中寻求安居和成功，这种生活方式则是"以他人为轴心"。

　　要确立以自我为轴心，需要大量经验和不断学习。通过多样丰富的体验，增加只有自身才具有的能力。只有为了提高自身价值而一边反复尝试一边持续努力，才能真正实现"以自我为轴心"。

前述的自由技艺，对磨砺自身学习非常有效。通过学习自由技能、掌握"对事物的看法和思考，以及人生的生活方式"，就能够在百年漫长人生中坚定不移地生活下去。也可以说，通过自由技艺来实现以自我为轴心。

一旦形成以自我为轴心的话，将不再被他人的言行所左右，不会对错误信息感到困惑，不会在意来自他人的批评，由自身确定富足和幸福的标准，并作出无悔的抉择。

"自我认可解"是生活在不透明时代中的每个人应拥有的生活方式的轴心。不是由他人提出问题和课题并给出答案，而是通过自身设定问题和课题并发现令自身信服的"解"。即便与他人面临同样的问题，也可以寻求其他的解答。只要自己认同信服，就完全没有必要去迎合别人的解答。也就是说，不必在意他人的看法，只要得出自身能够认同认可的"解"即可。

以自我为轴心的生活方式，虽然是以自身为中心，但与"利己主义"却存在着本质性区别。关爱自己的人才能宽容地对待他人。不在意他人的看法，能够认真地思考自身的生活方式，就是内心富足宽广的证明。正因如此，他们能够宽容地对待其他人，正如"像爱自己一样爱你的邻居"（《圣经》马可福音书第 12 章 31 节）。

如果能够实现自己的梦想，那么内心世界就会变得宽广，能够宽容地对待他人。这也有利于"实现和平社会"。

"百元商店模式下的 D% 社会"，是每个人都勾勒自身的梦想、为实现梦想而采取行动，个人、组织、地区及其他共同体等得以共同发展的社会。

这种社会所需要的思维理念就是"去竞争""去增长""去独立"，从竞争转为协调，从增长转为"去增长"，从对立转为宽容，只有思维理念实现了转换，那么才能够对人、对自然、对社会保持宽容。这也正是以"经世济民"为词源的"经济"所应发挥的作用。

以产业革命为开端的近代以后，资本主义在道德层面上将"经济增长""财富欲望"视为正确理念，向着追求无止境的欲望突飞猛进。因此，错误的经济道德观在全世界扩展开来。

当然，也有根据正确的道德观开展活动的经济人。例如，被誉为"近代日本经济之父"的涩泽荣一，认为道德和经济可以并存，因此提倡"道德经济合一"。

追求私益要与追求公益联系起来，商业实践要成为道德实践，这些观点，原本就是经济本来所要追求的。现在，经济应该回归其本来应有的样态，经济需要"回到原点"的时代已经到来。

八、带着疑问尖锐批评并贯彻到底

令人遗憾的是，当今的日本社会宛如"温水煮青蛙理论"所描述的状态。温水煮青蛙是指将青蛙猛地扔入热水中，青蛙会因水温过热受到惊吓而逃出，但是如果由常温的水慢慢加热，青蛙就会失去逃跑的时机，最终因煮沸的热水而死亡。该理论揭示了对于环境破坏、社会不稳定等缓慢产生的危机，由于没有予以足够的重视而最终难以收拾。

日本企业已经失去了国际竞争力，日本经济迟迟无法从停滞状态摆脱出来。尽管如此，日本政治家们仍然高呼"日本经济一定会复苏"，继而又采取了一成不变的政策。仅仅通过变换语言表述，就夸大成好似崭新的政策一般。即使在推进政策的过程中发生不当情况，但在追求数量增长的逻辑下，他们也不会轻易作出修改。

同样，日本的企业经营者们也不再愿意努力创新以提高国际竞争力，而安享于日元贬值所带来的"利益"，企业不为劳动者增加报酬，导致劳动者陷入低收入的生活状态。

最终导致的结果就是，一旦随着进口物价的上涨、日元贬值优势消失，则创造出"恶性日元贬值"等词汇，将日本经

济的停滞原因归咎于外部，却完全忽视了自身在此期间懈怠于
技术革新、懈怠于提高生产率的政策调整努力。

　　因此，尤为关键的是，无论日元贬值还是升值，日本都需
要努力提高应对能力（即生产率），并为此提出必要的政策。
我们应该认清世界及日本所发生的社会结构变化，制定符合新
时代的崭新政策。不能简单地更新语言表述，而应该提出伴随
着结构分析的有实质效果的政策。

　　在个人生活方式中也存在同样的现象。尽管政治家出现
营私舞弊行为、发生腐败，但人们往往只是眉头一皱"怎么
又发生了"，既不表示愤慨也不采取实质行动，最终导致因
为没有严厉的批评声音，社会各处都充斥着营私舞弊和腐败，
社会秩序逐渐混乱。这是与"美丽国家"① 完全相反的社会
现象。

　　虽然世界的潮流发生了巨变，但日本却成为少数没有产生
任何变化、不想产生变化的国家之一。日本尚未意识到，它正
在失去世界各国的信赖！

　　现今的日本社会存在着"温水煮青蛙"现象，指的就是

---

　　① 2006 年 7 月安倍晋三为竞选日本自民党总裁出版了《致美丽的国家》一
书，在安倍成为首相后，"美丽国家"成为其政策思想之一。美丽国家意指尊重
文化、传统和历史，有着自由和凛然秩序，受到世界信赖、尊敬的国家。

这一点。实际上，对于危机临近，很多人都感觉到"好像有点不正常"，但又都认为"不久就会有办法的"，因此在客观地应对准备过程中陷入困境，最终变得束手无策。

当感受到危机时应当立刻采取应对措施。这是我们从新冠疫情中总结得到的教训。如果能够及早应对，也许会产生截然不同的新局面。

已经学到"每个人的行为会引起自身周边的变化"的我们，不仅要关注自身周边，还应该将目光转向社会。

这并不是说要引发革命，只要视情况需要，疾呼"出现不正常的事情是不正常的"，明确表明我们的态度观点，世间就有可能发生改变。毫不关心地沉默不语，会被视为肯定现状。对于统治者一方而言，这是他们最期待看到的一种局面。

如果人们鼓足勇气付诸行动，不仅是自身，还会推动地区和社会乃至日本整个国家的发展。社会也应当构建起扶持、支撑奋勇前行者的体制。

日本政治家不应封杀、敌视反对意见，而应广开言路、真诚回应。既然是尖锐批评，那么意见就不应该模棱两可、轻飘浅薄。如果批评意见中带有少许尖锐我们就满足了，或者在意他人眼光而适可而止的话，反而会招致各方的打压，这就是世间的现实。

　　既然要推进新的事情，就要尖锐到不能够被别人打压的程度。特别是，要在年轻时勇于挑战，即便失败了，还会有下一次机会进行翻盘。因此，这些并不是失败，而是走向成功的宝贵经验教训。只有通过反复积累，才能切实推动社会的发展。

　　我们已经论述过，良好的创意和价值观都是从不平、不便、不满中产生的。同样，改变世界也需要"保持怀疑、尖锐批评、坚持到底"。

九、年轻一代应敢想敢做

　　世界始终处于变化中。在人类 5000 万年的历史中，资本主义时代只有短短的 300 年。被称为"天下泰平之世"的德川幕府①，也只不过存续了 260 年而宣告终结。同样，资本主义也不会永远存在下去。

　　人类社会经常处于循环往复的变迁中。推动世界发展的原动力是每个人的想象力和行动力。

　　"当前世代"（成为当今社会中坚力量的一代）已经积累了丰富的经验和教训，认为现行规则和价值观是理所当然的，

---

　　①　德川幕府又称江户幕府（1603～1868 年），是日本历史上最后一个武士阶级掌握的政权。——译者注

因此无法以崭新的理念去展望未来。而具有灵活思想的年轻世代，则可充分构想未来的社会愿景。

"当前世代"还缺乏行动力。受到旧习惯的束缚，他们对迈出新的一步犹豫不决，因为他们担心一旦失败，会有可能失去现有的地位和境遇。

但是，10 多岁及 20 多岁的年轻一代，却未受到旧习惯的束缚。即便失败了，他们也没有可以值得失去的地位和境遇。一切都可以从头再来！他们具有行动力这一驱动社会进步的原动力。

明治维新①改革距今已有 150 余年。在此前的 260 年间，以德川幕府为中心的武士阶层推动了社会变化。在幕府末期前，没有任何人能预测到会诞生以天皇为中心的中央集权政府。

幕府末期对大变革发挥了核心作用的人物之一是坂本龙马。他脱离了土佐藩，为实现自身所梦想的近代社会而奉献了毕生。坂本龙马离开土佐藩时年仅 27 岁。可以毫不夸张地说，正是坂本龙马的想象力和行动力开创了近代日本先河。

---

① 明治维新是日本从封建社会向资本主义社会转变的资产阶级改革运动。1868 年，日本明治天皇组织倒幕势力击败德川幕府、建立起统一的中央集权的国家后，实施富国强兵、殖产兴业、文明开化等一系列改革，日本加速走上资本主义道路。

在百元商店模式经济社会中，为满足"自我认可解"和
"自我肯定感"而付诸行动以及为构建新社会而采取行动的，
都是与坂本龙马同样的年轻世代（或者，年轻具有灵活思维
的世代）。只有他们这一代，才能破除欲望型资本主义，开创
价值创造型的社会。

我们绝不能将现在的社会视作理所当然、永远不变的。大
胆的想象力和勇敢的行动力，将会构建出更加美好的社会。

第六章

终　章

一、21 世纪的新模式

百元商店模式经济社会并不过度追求资本的利润，而是追求每个人的"自我认可解"和"自我肯定感"。马克思主义经济学提出了"利润率趋向下降规律"。资本家引进机械设备、提高生产率（提高资本有机构成）的话，就会减少劳动者的雇佣。结果，因为作为利润（剩余价值）源泉的劳动力减少，利润也会趋向减少。

日本薪酬水平在过去 30 年间，长期维持着国民年收入 400 万日元的水平，似乎也陷入了"利润率趋向下降规律"。泡沫经济破灭后"失去的 30 年"更加剧了这一状况。然而，日本企业在此期间仍然能够获得利润，日本保持着世界第三经济大国的地位，主要是得益于日元贬值。但是现在，受原油价格上涨、俄乌冲突等影响，日元出现过度贬值，迄今能够获得利润的结构性基础也开始出现动摇。

此外，尽管日本劳动者处于相对较低的收入水平，但人们并没有爆发不满（政权更迭及社会秩序的混乱等），而是想方设法坚持生活下来，这都得益于以 100 日元商店为代表的廉价特惠连锁商店。

由此，我们不得不认为当今的日本式资本主义难以完全用传统经济学理论作出阐释。它以自由竞争为前提，并以市场为媒介进行交易，但是生产率没有提高，劳动者报酬也没有上涨，却能依然保持着"发达国家"地位。

有鉴于此，笔者对当今的日本式资本主义进行深入分析，认为它是由百元商店模式所支撑的社会新样态，在这种社会中，低收入者也能够幸福地生活下去。这是诞生于日本的难以完全用传统经济学理论加以阐释的崭新模式，它在一定程度上纠正了迄今社会存在的既有矛盾，将人们从"资本"束缚中解放出来。在当今日本社会中，拥有依然追求欲望式的增长至上主义思维的阶层，以及不渴望有太高增长、按照与自身相适应的方式努力过好每天生活的阶层，这两个阶层混杂交织在一起。

　　日本在每次发生政坛更迭时，都会倡导提出"××经济学""××资本主义"。当看到这些政策宣传时，日本国民不知道是应该感到高兴还是应该感到担忧，人们认为自己"怎么做也改变不了现状"，"这些政策只是更换了词语表述，内容却是旧态依然"！

二、朦胧感来自何处

　　撰写本书主要是基于如下理由。20世纪90年代从"发展状态"滑落至"停滞状态"的日本经济，在30余年间始终没有任何起色，国际竞争力也遭到削弱。但是，如果将目光转向人们的日常生活，我们看到，虽然日本国民的收入30多年来基本没有增长，但仍维持着一定的生活水平。这是为什么呢？这种情况是怎么出现的呢？越是深入思考，朦胧模糊的感觉就越来越强。

　　这种朦胧模糊的感觉，不仅仅是笔者，好像也覆盖了整个社会。整个社会缺乏活力，不论政府和官方说什么，人们都只是淡然地过着每一天。日本的政治家和企业家也没有任何一个人去展望和描绘"日本社会未来将如何发展"，他们所宣传的也无非就是"成为数字化转型社会"。而对于数字化转型将会如何让人们的生活变得更加美好，却始终避而不谈。因此，笔者决定按照自己的理解来梳理分析日本经济的发展现状。

首先，我想阐明日本经济陷入停滞的原因。只有知道了原因，才能够提出正确的处方（政策）。

不去探明原因而仅仅说些让人感觉好听的话（政策），结果就是我们今天看到的"失去的 30 年"。当听到"××经济学""××资本主义"时，这些内容甚至让我怀疑制定者"是否了解经济学"。仅仅通过"撒钱模式"来博得人气和好感，却将资金缺口转嫁到未来一代人身上。这些政策给人的感觉就是"只要现在好就行"！原本是因为日元贬值导致景气变差，但日本银行却提出了"在应对日元贬值前首先采取景气对策"，对此本末倒置的政策笔者只能无语。

单纯依靠政府已难以完全解决当前面临的问题。在批评日本政府前，我们只能先做好自身能做的事，如此才能让世界变得更好。

如果仔细观察我们可以看到，与泡沫经济破灭同时出现的百元商店新经济模式，带给了人们创造崭新价值的重要契机。实践"去增长生活方式"的群体也开始出现。稍加注意的话，我们还会发现每一位日本国民都正在探索自主自立的生活方式。如果能用语言对这种情况进行表述、用模式对这种情形作出概括的话，想必会让那种朦胧模糊感变得鲜明清晰。

那些充分利用特惠连锁商店来改善自我生活空间的人们，就是创造者、变革者！他们不仅改善了自身周边环境，还能促进地区和社会的振兴发展。

如此进行思考，我们就不会仅围绕"现今社会处于通货紧缩，国际竞争力削弱"反复展开讨论，不是去模仿其他国家，而是探寻日本式的、符合日本社会情况的生产生活方式。要想在竞争中获胜，势必会强加给社会较大的负担。所以，我们应昂首阔步地去走自己的路，去寻找、发现新的发展路径。

21世纪的百元商店模式，可以令我们每个人都成为主角，从唯一变为第一。

在当今日本社会中，我们能够信赖的只有我们自身。学校、组织、社会、政府都不能成为我们的指望。在相互不信任感激荡的社会中，只要每个人稍微动点脑筋就可以产生自我肯定感，地区和社会将变得更好。百元商店模式从以百元商店为代表的特惠连锁商店的商品和服务中孕育产生了社会良性循环，它能够从日常的"不平·不便·不满"中催生出良好创意，"保持怀疑、尖锐批评、采取行动"能够让世界变得更美好。这正是21世纪社会所需要的新发展模式。

　　百元商店模式的最终目标，并非此前唯经济增长、充满物欲、失去人性的社会，而是每个人的价值观都能获得想象和共鸣，任何人都可以为实现梦想阔步前行的、内心丰富的社会。本书的副标题"解码去增长社会的幸福生活"，正是这一思路的体现。

附录

代表性的特惠连锁商店发展史

一、回转寿司

提到特惠连锁商店，人们毫无疑问地首先会联想到回转寿司店。现在电视节目中基本每天都会播放相关回转寿司店的商业广告及专题报道，回转寿司已经深深地融入我们的日常生活中。

"回转寿司"是以 1958 年东大阪市的元禄产业开设的"回转元禄寿司"为开端的。创业者白石义明先生从啤酒工厂的传送带中获得启发，开发了"传送带式旋转餐台"，使得一度作为战后高级餐饮代名词的"寿司"变为亲民的大众饮食。回转寿司于 1970 年在大阪万国博览会开设店铺并获得优秀餐饮店的表彰，由此引发全国广泛关注。1973 年又进一步开发了自动供茶装置，在 20 世纪 80 年代后半期到 90 年代，回转寿司店作为适合家庭聚餐的餐饮店而在全国普及开来。

以前，元禄产业曾将餐饮店的名称"转动（まわる）""旋转（廻る）""回转（回転）"等进行了商标注册，因此后来的竞争对手无法再使用"回转寿司"这个名称。1997 年元禄产业允许餐饮界使用"回转"名称，对消费者来说，回转寿司进一步拉近了与民众的距离。

回转寿司的食品种类繁多，消费者还能够在店内品尝到甜品、面食，呈现出家庭餐厅式样态。现在它已毫无"价廉物不美"那种印象，寿司的味道丝毫不逊色于价格昂贵的寿司店。寿司郎（Sushiro，スシロー）、藏寿司（Kura Sushi、くら寿司）等作为其他品牌运营的高档次连锁店也在快速发展。

回转寿司的国内市场规模约为 7200 亿日元。在店铺数量方面，仅前十大企业合计就超过了 2300 家店铺（见附表 1）。回转寿司从 20 世纪 90 年代后半期开始扩展至欧洲和亚洲等地，在美国加利福尼亚州诞生的"加州卷"甚至还逆袭回日本。

附表 1　　回转寿司连锁店销售排行（2021 年）

店名	销售额（亿日元）	店铺数（家）	成立年份
寿司郎（Ssushiro）	2132	626	1984
藏寿司（Kura Sushi）	1475	567	1995
河童寿司（Kappa Sushi）	695	318	1981
鱼米寿司（Uobei Sushi）	382	165	1979
浜寿司（Hama Sushi）	1200	540	2002

资料来源：笔者根据各企业网站数据整理制作。

在亚洲地区的中国香港，回转寿司更是广受欢迎。在正月的金枪鱼初次竞拍中，寿司三昧（Sushi Zanmai，すしざんまい）的竞争对手就是中国香港的回转寿司店"板前寿司"。板前寿司的老板郑威涛曾在日本寿司店学习，后回到中国香港开创了"板前寿司"。

发祥于日本的回转寿司，现在已经成为全球流行的商业模式。

二、似鸟（NITORI）

日本家具装饰业拥有 1.5 万亿日元市场规模，其中似鸟（NITORI）公司雄霸业界首位（见附表 2）。

附表 2　　家具装饰业界销售额排行榜（2021～2022 年）

排名	企业名称	销售额（亿日元）
1	似鸟控股（NITORI）	8115
2	良品计划	4536
3	宜家日本	939
4	东京家居（Tokyo interior）[a]	595
5	纳夫卡（Nafko）[b]	414
6	艾克达斯（ACTUS）	184
7	三泽（Misawa）	116
8	卡西奈克斯（Cassinaixc）	114

注：a 东京家居为 2020 年的销售额。
　　b 纳夫卡为家具·家居时尚品等业务的销售额。
资料来源：根据业界动向 SEARCH. com 数据整理。

　　似鸟公司于 1967 年创建于札幌市，从 1993 年开始进入本州地区。似鸟公司抓住土地泡沫破灭地价下降 30%～50% 的契机，在茨城县开设了本州 1 号店，现在已经成为拥有国内 693 家门店（2021 年 7 月）、海外约 100 家门店的连锁企业。

　　似鸟公司已连续 35 期实现增收增益。从 1989 年在札幌证券交易所上市时开始，股票价格已经上涨了 104.9 倍。根据东京证券市场对 1990 年 8 月以后上市企业进行的股票价格涨跌率调查，似鸟公司以 57 倍涨幅雄居榜首，第 2 名的基恩士公司（Keyence）涨幅为 34 倍，由此可以看出似鸟公司的迅猛发展态势。似鸟公司从进入本州地区后一直持续着"高歌猛进"势头。

　　似鸟公司的经营特点在于"速度"。似鸟公司从创业之初到拥有 100 家门店（2003 年）用了 36 年时间，而实现 200 家门店（2009 年）只用了 6 年，达到 300 家门店（2013 年）用了 4 年，实现 400 家门店（2015 年）用了 2 年，达到 500 家门店（2017 年）用了 2 年。截至 2022 年，似鸟公司总计建成 1000 家门店，销售额预计达到 1 万亿日元。

三、堂吉诃德

　　超级折扣仓储店堂吉诃德，起源于其创业者安田隆夫先生

29 岁时在东京都杉并区西荻洼成立的 18 坪杂货店"泥棒市场"。1989 年在东京都府中市开设了堂吉诃德 1 号店。运营公司名称在 2019 年更名为泛太平洋国际控股（PPIH）。

截至 2018 年 6 月期堂吉诃德已实现连续 29 期增收增益，2022 年 6 月期合并决算实现销售额 1.8312 万亿日元（同比增长 7.2%）、营业利润 886 亿日元（同比增长 9.2%）、经常利润 1004 亿日元（同比增长 23.3%），归属母公司股东的当期纯利润为 619 亿日元（同比增长 15.2%），2022 年 6 月期合并业绩实现"33 期连续增收增益"。整个集团拥有国内 605 家门店、海外 98 家门店，合计 703 家（2022 年 10 月 7 日），这种良好发展态势堪比似鸟公司（参考 PPIH 网站）。

堂吉诃德的经营业绩与泡沫经济破灭后的日本经济状况形成鲜明的对照。1989 年 12 月末，日经平均股价收盘价创下 38915.87 日元的历史最高值，随后经济泡沫破灭。20 世纪 90 年代中期以后，日本经济陷入物价全面持续下跌的"通货紧缩经济"。在通缩环境下，堂吉诃德通过独特的商品陈设方式、店铺运营以及满足消费者需求的商品开发，取得了业绩持续增长。堂吉诃德甚至被誉为"泡沫破灭的天赐之子"，成为在不景气经济中快速成长的企业典范。

堂吉诃德的优势，归根结底就是善于制造话题。例如

"搭载 42V 型安卓 TV 功能的 HD 无天线智能电视"，因为能够接收 Netflix、TVer 等网络视频传输服务，契合了当今消费者通过互联网欣赏节目的生活方式需求。该产品于 2021 年 12 月 10 日投入市场销售后迅速成为人气商品，不到 1 个月就实现销售额超过 1 亿日元。该款产品因"不需再向 NHK 支付使用费"而获得广大消费者关注。① 智能电视的价格是含税 32780 日元，大概比同规格的中国产品便宜一万多日元。

该公司的经营特点是"顾客最优先原则"（成立之初称作客户至上原则），以及基于移交权限的个性化门店原则，借此各家门店可结合所在地区特点自主地确定商品种类和价格，形成一种组织体量虽然庞大但各家门店可以自主开展经营活动的机制。企业随着组织规模的不断扩大而逐渐失去灵活应变性等问题，似乎并未在堂吉诃德身上发生。

四、开市客（Costco）

日本国内还存在着持续增长的外资特惠连锁企业，那就是

---

① 日本放送协会（NHK）是日本官方电视媒体机构，1950 年 6 月依据日本《广播电视法》成立，地位相当于中国的 CCTV，其预算支出需要国会批准。其不以播放广告作为收入来源，而是依靠由观众支付信号接收费即"收视费"，法律规定设置收视设备的人都需要签署合同支付接收费，收费具有一定的强制性。——译者注

量贩俱乐部（会员制仓储型批发零售店）式连锁商店的开市客。

开市客发祥于 1976 年在美国加利福尼亚圣地亚哥通过改造飞机机库而创建的"Price Club"。1983 年以开市客（Costco）名称开设的首家仓储店在华盛顿州西雅图开业。1993 年"Price Club"与"开市客"合并形成普来胜公司（Price Costco），1997 年公司更名为开市客。1999 年公司名称变更为"开市客量贩公司"（Costco Wholesale Corporation），并在美国纳斯达克上市。目前，开市客的总部设在美国华盛顿州的伊萨夸，开市客（日本）的总部设在千叶县木更津市。

包括日本的 31 家门店在内，开市客已在全球 14 个国家和地区开设了 839 家商店（截至 2021 年 9 月 23 日）。会员人数约 1.189 亿人，年收入超过 1920 亿美元（约 22.08 万亿日元）（截至 2021 会计年度末）。

1999 年，开市客先后于福冈县开设了 1 号店，在千叶县幕张市开设了 2 号店，在东京都町田市开设了 3 号店，在兵库县尼崎市开设了 4 号店。目前在日本共有 31 家门店，年销售额约 5000 亿日元，但尚未进入业界前十名。

开市客以会员制为主要特征，会员年会费为 4840 日元（2022 年 10 月）。因为消费者可以在开市客以便宜的价格批量采购各种食材及零食，因而聚集了很高的人气。如同美国的生活方式，日本很多消费者也会在周末驱车大量采购一周所需的食品等。每种商品都是大批量采购，因此还催生了与其他家庭和友人共享的消费模式。

开市客要求各个仓储店都必须遵守开市客自创业以来一直倡导的道德准则（五大经营方针理念），这也使得开市客能够长期持续保持增长（见附表3）。

附表3　　　　　　　　开市客的经营理念

Costco's code of ethics	开市客的道德准则
obey the law	遵守法律
take care of our members	关心会员
take care of our employees	关心员工
respect our Supplier	尊重供货商
reward our shareholders	回馈股东

资料来源：根据开市客网站整理。

五、罗森100（Lawson Store 100）

"罗森100"最早是作为主营超市业务的百斯特公司（Best）成立的新业务部门开始起步发展的，1996年在东京都立川市开设了"99yen Only Store"1号店。2000年罗森独立成为新公司"九九plus"。2001年以后的新门店都以"SHOP 99"店名不断拓展事业规模。2007年罗森与"九九plus"开展业务与资本合作，2016 年公司正式更名为"罗森 100"。"罗森 100"以打造学生和单身群体可便捷消费利用的复合商业模式为目标，吸收了"便利店的便利性"、"超市的产品齐全性"和"百元商店的价格均一性"三个业态特点，短时间内门店总量迅速突破 1000 家，现今虽减少至 700 家左右（截至 2022 年 10 月），但销售额超过 800 亿日元。罗森 100 的历史沿革见附表 4。

附表 4 罗森 100 的历史沿革

时间	事件
1996 年 4 月	作为（株）百斯特的新事业部门起步，在东京都立川市若叶町开设"99yen Only Store"1 号店
2000 年 10 月	由（株）百斯特公司独立出来，成立新公司"株式会社九九 plus"（成立时拥有直营店 44 家）
2000 年 11 月	开始开展加盟连锁（FC）
2001 年 1 月	因事业扩大引入新 CI 系统，此后所有门店统一为"SHOP99"
2002 年 6 月	从主营食品超市等业务的（株）奇科玛特手中，收购"关西奇科玛特（株）"成为 100% 出资子公司
2007 年 2 月	与便利连锁店（株）罗森开展业务与资本合作
2008 年 9 月	成为（株）罗森的子公司，作为罗森集团的一员正式开始运转
2009 年 5 月	吸收合并（株）罗森的子公司"（株）价值罗森"
2009 年 12 月	吸收合并 100% 子公司"（株）九九 Plus"
2010 年 3 月	门店总数实现 1000 家（其中直营店 830 家、FC170 家）
2010 年 7 月	成为（株）罗森完全子公司
2014 年 2 月	更名为株式会社罗森玛特
2016 年 3 月	更名为株式会社罗森商超 100

资料来源：根据罗森 100 网站整理。

"罗森100"的企业理念就是,以"成为助力美好生活的便利店"为发展目标,"作为贴近消费者的生鲜·日用品等品类丰富的小型商店"满足时代的需求。

六、菜篮子连锁店(My Basket)

以"近便、便宜、干净、友好"为关键词,永旺旗下的菜篮子连锁店(My Basket)近年来取得快速发展。

菜篮子连锁店以2005年永旺集团于横滨市开设的1号店为开端,它是为应对高龄化以及人口回归城市中心的需求,以步行购物群体为对象的街区超小型生鲜便利超市。其经营理念的特点是采取"高于蔬菜水果店、低于便利店"的价格策略,避免与周边存在的超市、便利连锁店产生竞争。目前菜篮子连锁店在全国拥有约100家门店(截至2022年1月),销售额总计约2100亿日元。

菜篮子连锁店实现快速增长的理由就在于其采取的开店战略。菜篮子连锁店实施了优选商区集中开店的"占优策略"。此外,菜篮子连锁店还采取了在居民区、办公街区及车站前等各种布局条件下开设门店的"灵活拓店战略",重点在小商圈内增加门店数量。当消费者走在街上时会发现其门店彼此间的距离非常近,诧异于"这么近距离密集开店能行吗"。

以东京都板桥区为例，菜篮子连锁店从 2013 年首次设店，到 2019 年的 7 年间累计开设了 35 家店铺，平均每年约新开门店 5 家。通常，如果在如此短时期内在临近场所开设门店，企业会存在"一齐倒闭"的风险，但是菜篮子连锁店的战略思路却截然相反。也就是说，菜篮子连锁店认为，与消费者保持压倒性的"近便"优势，恰恰是赢得竞争的有力武器，因此菜篮子连锁店将距离住宅最近、生鲜食品等生活必需品齐全的门店作为"卖点"。调查也表明，大多数消费者都是感受到菜篮子连锁店的近便魅力而来店购物的。

此外就是追求效率。菜篮子连锁店采取了数家门店由一名店长统一经营管理的"负责人主管制"，各家门店基本都是由二人以下实施运营管理。各家门店均不设后台操作间，所有商品均由物流中心统一供给配送。商品种类也经过精心筛选，货架配置实行标准化。菜篮子连锁店没有采取广告宣传单促销方式，而是实施"天天低价"策略。如此，门店员工的工作得到简化，门店作业种类也减少了。2022 年 2 月，《菜篮子连锁店工作流程操作手册》由纸媒全面转为电子化。

标准化操作具有提高劳动效率的作用。兼职打工者可以根据自身希望的时间选择在邻近的各家门店工作。对于菜篮子连锁店来说，企业不必仅围绕各店在册员工来进行工作排班，能够实现灵活的工作调度。如此，就在消费者、企业和员工之间形成了共赢关系，这既是菜篮子连锁店的最大优势，也是其鲜明的特色。

七、Workman

1980 年作为伊势屋的一个业务部门，以连锁业态在群马县伊势崎市开创的专门经营工装及其他劳动用品的商店"工匠之店 Workman"，是 Workman 的起源。2017 年累计开设 800 家门店。2018 年开创新业态"Workman Plus"。目前在日本全国 47 个都道府县总计拥有 906 家门店（截至 2021 年 3 月末），所有连锁店销售总额为 1466.53 亿日元（截至 2021 年 3 月）。

Workman 的经营理念是"为消费者创造性能与价格的新标准"，社会性使命是"为劳动者提供便利"。Workman 旨在建成开发具有满足专业工作者耐受严酷作业环境的专业品质以及高性能的产品，作为专业商店货品广泛而齐全，具有顾客不需看价签即可安心购买的低价格，可供顾客便捷利用的专业连锁店。

Workman 创业以来始终秉持"消费者满意""加盟商和交易方满意""公司员工满意"三个满意信条。

由"工匠之店 Workman"店名可以看出，它过去主要经营在施工现场劳作男性的工装，自 2018 年设立休闲服装"Workman Plus"门店以来，重点以女性顾客为对象群体，门店数量增长态势甚至超过了优衣库。

首先，推动 Workman 实现快速发展的是将价值聚焦于"简洁至上""简约风格"的简约低调时尚潮流。此前的时装主流偏重设计，2014 年左右"简单就是最美"潮流开始出现。其次，Workman 成功抓住了喜爱休闲服装的普通消费者。由此既抓住了以往的施工作业人员群体，还吸引了大量女性顾客群体。特别是 Workman 还销售防雨防水服装等商品，更是契合了众多消费者的生活需求。此外，还诞生了"Workman 女孩"这个新词汇，也都极大地打动了女性顾客。

八、优衣库

在美国福布斯杂志 2021 年版《日本富豪排行榜》中，优衣库的柳井正先生位居第二（420 亿美元）（排名第一的为软银集团孙正义，444 亿美元）。优衣库现已成为享誉世界的服装品牌。其前身是在山口县宇部市创办的以经营男性服装为主的"小郡商事"，当时只是地方的一个毫无名气的小商店。1984 年"优衣库"1 号店在广岛市开业（见附表5）。

附表 5	优衣库（迅销集团）的沿革
时间	事件
1949 年 3 月	在山口县宇部市创办以经营男性服装为主的"小郡商事"
1963 年 5 月	以资本金 600 万日元注册成立小郡商事
1984 年 6 月	优衣库 1 号店在广岛开业
1985 年 6 月	首家优衣库路边店在山口县下关市开业，并成为后来优衣库的原型
1991 年 9 月	商号由小郡商事变更为"迅销控股"
1994 年 7 月	股票在广岛证券交易所上市
1996 年 11 月	为充实公司的自主商品开发能力，开设东京事务所
1997 年 4 月	股票在东京证券交易所市场第二部上市
1998 年 2 月	建设总公司新办公楼（山口市）
1998 年 10 月	优衣库 1900 日元羊毛制品成为关注话题
1998 年 11 月	首都圈首家城市中心型门店优衣库原宿店开业
1999 年 2 月	成为东京证券交易所市场第一家指定上市企业
1999 年 4 月	为充实生产管理业务，在中国开设上海事务所
2000 年 4 月	为强化市场细分以及市场功能，设立东京本部
2000 年 10 月	开始互联网网络营销
2001 年 9 月	作为海外市场拓展的第一部，在英国伦敦开设门店
2002 年 4 月	设立优衣库设计研究室（研究开发）
2002 年 9 月	在中国上海市开设门店，开始在中国市场发展事业
2002 年 11 月	以 skip 品牌开始食品事业

资料来源：根据优衣库网站整理。

优衣库在日本受到广泛关注，始于泡沫经济破灭后。1999年 6 月 26 日的《朝日新闻》以《在低迷不振的零售业中扬眉吐气的量贩店》为题刊发了柳井先生的专访。当时的优衣库，截至 1998 年 8 月已实现连续 10 期增收增益，在处于通缩困境、苦苦挣扎的日本经济中可谓是独领风骚。优衣库拓店速度也保持着年均 50 家门店的积极态势。

优衣库的经营战略就是及时迅速地把握畅销商品，并在最快时间内生产制造出来。有别于以"箱"为单位的商品管理，优衣库引进了可对单件产品实施精细化管理的"在库管理系统"，大大节约了管理成本。优衣库是率先采取低成本控制系统的连锁企业之一。

当时，优衣库所销售的 1000 多日元价位的外套及牛仔服，汇聚了大量人气。例如，在量贩店通常按照 4000 日元左右价格销售的羊毛衫，优衣库以低于其半价的 1900 日元价格将600 万件应季产品在年内基本销售一空。

这里所介绍的，可以说都是代表了百元商店模式的特惠连锁企业。各家连锁企业虽然是在泡沫经济破灭后成立的，但它们均实现了快速发展，事业规模不断扩大。此外，这些企业共同的理念是"以低廉价格的高质量产品满足消费者需求"。除了全国著名的连锁店外，还有总公司设在冈山县仓敷市的大黑天物产等地方型企业。

这些特惠连锁企业的共同特点为：（1）理念清晰 = 简约；（2）追求彻底的高效率；（3）实现商品低价格供给。

　　听到各连锁店的名字，消费者脑海中往往会不由自主地浮现出价格低廉的印象。因此，百元连锁企业没有必要专门制作、发布广告宣传单来强调价格实惠，商店内部也没必要像超市那样摆设强调价格优惠的促销广告。

　　说到"追求低廉价格"，人们往往会认为这些连锁企业主要以削减人力成本为核心。然而，这些连锁企业都是通过电子化等手段大力减少管理和运营成本的损失，并最终实现了低价格。

参考文献

[1] 池上彰·上田纪行·伊藤亚纱:《培养尖锐批评精神的领导者——东工大"自由技艺"教育 10 年发展轨迹》,中公新书 2021 年版。

[2] 蒲田正树:《令人惊讶的地方创生"京都·绫部生活方式"——上市企业与"半农半 X"共存的魅力》,扶桑社新书 2016 年版。

[3] 唐凤:《话说前所未见的未来》,SB 新书 2022 年版。

[4] 大前研一:《日本经济陷入的极端特殊状况 世界唯一的低欲望社会》,http://www.moneypost.jp/199977,2017 年 9 月 15 日。

[5] 大前研一:《低欲望社会"大时代"的新国富论》,小学馆 2015 年版。

[6] 大前研一:《2018 年的世界~两小时掌握经济·政治·商业以及今年的焦点》,goodbook2018 年版。

［7］House-Do 不动产:《百元商店调查结果》,2018 年 12 月。

［8］河合雅司:《后疫情时代生存逆转战略　以"缩小意识"赢取竞争的 30 条建议》,文春新书 2021 年版。

［9］鬼头宏:《世界人口视角下的日本未来》,国际地理图像 2011 年版,https://natgeo.nikkeibp.co.jp/nng/artical/20110905/282950/。

［10］高坂胜《减速生活——减档生活者》,幻冬社 2010 年版。

［11］小栗道明:《［中国潮流］中国也迎来了"低欲望社会"吗》,日本贸易振兴会地域分析报告,http://www.jetro.go.jp/biz/areareports/2019/6fd5d12f694dbd.html,2019 年 6 月 20 日。

［12］盐见直纪:《半农半 X 的生活方式》,索尼杂志新书 2008 年版。

［13］《13000 年人类欲望史解读》,载于《周刊钻石》2019 年 3 月 2 日。

［14］达尼埃尔·科恩:《经济增长的诅咒》,东洋经济新报社,2017 年。

［15］达尼埃尔·科恩:《"经济必须实现增长"是否正确?

〈卢蒙德报〉评论员阐述的 21 世纪危机》，东洋经济（online），http：//toyokeizai. net/articles/ –/185424，2017 年 8 月 25 日。

［16］内阁府会议阁议决定：《经济财政运营与改革的基本方针 2014》，2014 年 6 月。

［17］中藤玲：《日本低价格体现的停滞》，日经 Premiere 系列，2021 年。

［18］永井龙之介：《日本制品海外滞销的根本原因》，东洋经济（online），http：//toyokeizai. net/articles/ –/361229，2020 年 7 月 13 日。

［19］中野孝次：《清贫的思想》，文春文库 1996 年版。

［20］桥本努：《极简消费的逻辑与脱资本主义的精神》，筑摩书房 2021 年版。

［21］彼得·米尔瓦德：《沙勿略眼中的日本》，松本玉译，讲谈社学术文库 1998 年版。

［22］平冈史生：《百元商店业发展的变迁以及各企业的特征　最后发企业的增长·生存战略》，载于日本实物期权学会《实物期权与战略》2019 年第 11 卷第 1 期。

［23］福田慎一：《21 世纪的长期停滞论　日本的"无实感景气回复"探索》，平凡社 2018 年版。

［24］COOKPAD 新闻：《料理男增长中！因新冠疫情而人

气集中的煮物料理》，载于《每日新闻》2021 年 11 月 12 日。

［25］松鹤千春：《百元商店战国时代的胜利者"承包企业"的商品战略》，载于《DAILY 新潮》2018 年 10 月 24 日。

［26］里贝卡·亨德逊：《资本主义的重建：如何实现公正可持续发展的世界》，高远裕子译，日本经济新闻出版 2020 年版。

图书在版编目（CIP）数据

日本百元商店模式：解码"去增长社会"的幸福生活／（日）郭洋春著；张青松译. -- 北京：经济科学出版社，2025．3． -- ISBN 978 - 7 - 5218 - 6839 - 5

Ⅰ．F733．134.2

中国国家版本馆 CIP 数据核字第 2025FJ2480 号

责任编辑：初少磊
责任校对：郑淑艳
责任印制：范　艳

日本百元商店模式
——解码"去增长社会"的幸福生活
RIBEN BAIYUAN SHANGDIAN MOSHI
——JIEMA "QUZENGZHANG SHEHUI" DE XINGFU SHENGHUO
〔日〕郭洋春（KWAK Yangchoon）　著
张青松　译

经济科学出版社出版、发行　新华书店经销
社址：北京市海淀区阜成路甲 28 号　邮编：100142
总编部电话：010 - 88191217　发行部电话：010 - 88191522
网址：www. esp. com. cn
电子邮箱：esp@ esp. com. cn
天猫网店：经济科学出版社旗舰店
网址：http：//jjkxcbs. tmall. com
北京季蜂印刷有限公司印装
880 × 1230　32 开　6.75 印张　120000 字
2025 年 3 月第 1 版　2025 年 3 月第 1 次印刷
ISBN 978 - 7 - 5218 - 6839 - 5　定价：68.00 元